7.60
n

Walter Schenker

Die Sprache Max Frischs
in der Spannung zwischen Mundart und Schriftsprache

Quellen und Forschungen
zur Sprach- und Kulturgeschichte
der germanischen Völker

Begründet von
Bernhard Ten Brink und Wilhelm Scherer

Neue Folge
Herausgegeben von
Hermann Kunisch
Stefan Sonderegger und Thomas Finkenstaedt
31 (155)

Walter de Gruyter & Co

vormals G. J. Göschen'sche Verlagshandlung — J. Guttentag, Verlagsbuchhandlung
Georg Reimer — Karl J. Trübner — Veit & Comp.
Berlin 1969

Die Sprache Max Frischs

in der Spannung zwischen Mundart und Schriftsprache

von

Walter Schenker

Walter de Gruyter & Co

vormals G. J. Göschen'sche Verlagshandlung — J. Guttentag, Verlagsbuchhandlung
Georg Reimer — Karl J. Trübner — Veit & Comp.

Berlin 1969

Archiv-Nr. 43 30 69 / 5

Satz und Druck : Franz Spiller, Berlin

Vorbemerkung

Der Verfasser dankt Herrn Professor Rudolf Hotzenköcherle, Zürich, unter dessen Leitung und fördernder Kritik die Arbeit entstanden ist — Herrn Professor Stefan Sonderegger, Zürich, dafür, daß er sie in die „Quellen und Forschungen" aufgenommen und die Korrekturen mitgelesen hat — dem Verlag für den raschen und sorgfältigen Druck — Herrn Dr. Stephan Kaiser, Tübingen, für kollegiale Unterstützung — und natürlich dankt er Max Frisch: ohne seine stete Bereitschaft zum Gespräch wäre die Arbeit in der jetzigen Form nicht möglich geworden.

Freiburg i. Br., im März 1969   Walter Schenker

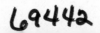

Inhalt

Voraussetzungen

Vor einigen Jahren wurde Frischs Lehrstück ohne Lehre „Biedermann und die Brandstifter" auch beim Schweizer Fernsehen gezeigt.[1] Das Besondere daran war, daß das Stück in schweizerdeutscher Mundart aufgeführt wurde. „Biedermann und die Brandstifter", international bekannt geworden, in so und so viele Sprachen übersetzt, wurde dem Schweizer Publikum nun auch als Mundartstück vorgestellt. Und das war an sich gar nicht so abwegig: Max Frisch ist Deutschschweizer, und die deutschschweizerische Sprachsituation ist durch die Spannung zwischen schweizerdeutscher Mundart und hochdeutscher Schriftsprache bestimmt.

Ebenso nahe wie die Übertragung von „Biedermann und die Brandstifter" in schweizerdeutsche Mundart liegt es, die Sprache Max Frischs zu beschreiben in ihrer Spannung zwischen Mundart und Schriftsprache. Max Frisch hat „Biedermann und die Brandstifter" hochdeutsch geschrieben, aber offenbar eignete sich Frischs Sprache besonders gut für eine Mundartübertragung — offenbar erschien sie, gemessen an der Vorstellung, die man sich in der Schweiz von der hochdeutschen Schriftsprache macht, als besonders mundartnah. Der individuelle Stil eines Schriftstellers realisiert sich im Abstand zu einer Norm. Wenn sich der individuelle Stil des Schweizer Schriftstellers Max Frisch realisiert im Abstand zur Vorstellung, die man sich in der Schweiz von der hochdeutschen Schriftsprache macht: wieweit nützt dann Frisch die Mundart stilistisch aus? Das soll beschrieben werden.

Die Arbeitsgrundlagen machen es möglich:

Stephan Kaisers Zusammenstellung der Besonderheiten deutscher Schriftsprache in der Schweiz;

der Vergleich innerhalb des Werks von Frisch, besonders der Vergleich verschiedener Fassungen;

das Gespräch mit Max Frisch.

---

[1] Erstsendung am 24. November 1963, Regie Kurt Früh.

1 Schenker

Stephan Kaiser: Die Besonderheiten der deutschen Schriftsprache in der Schweiz. Im Druck. Erscheint als Duden-Beitrag.[2]

Die Zusammenstellung von Stephan Kaiser ist ebenso umfassend wie differenziert.

Sie ist umfassend in der Breite und Vielfältigkeit des befragten Materials. Kaiser hat während der Jahre 1952—1955 und 1960—1965 über hundert deutschschweizerische Zeitungen untersucht. Die deutschschweizerische Zeitungssprache macht das Hauptmaterial aus, aber nicht allein durch die Schicht der Zeitungssprache ist die deutsche Schriftsprache in der Schweiz repräsentiert. Kaiser berücksichtigt die verschiedensten Schichten von Schriftsprache: sein ganzes Material[3] reicht von der Zeitung zur religiösen und literarischen Prosa (darunter sechs Prosawerke von Max Frisch[4]), von der Zürcher Tramlyrik und von Versand- und Kaufhauskatalogen bis zu den politischen Verfassungen, den juristischen Gesetzbüchern und dem militärischen Dienstreglement.

Sie ist differenziert in der Auswertung und Präsentation des Materials. Ein Artikel bei Kaiser sieht so aus:

Anken M.; *-s* = D: „schweiz. (/15 erg.:/mdal.) für: Butter" [Id. I 341; SWb. I 224 (Anke II): „nur noch in der Schweiz, im s. Baden und Elsaß üblich, also im ‚alem.' Gebiet"; DWb. I 378 (Anke); ahd. ancho, mhd. anke]. — A, I, II häuf., III, IV gel.; ver. in der Schreibung „Anggen"; auch in bildl. Verwendung: „Auseinandersetzung schadet nicht. Es muß nicht alles wie durch ‚Anggen' gehen" (NATIONAL-ZEITUNG, 10. April 1963); FRISCH II 198: „A. schmorte in der Pfanne"; vgl. das Verb anken". — Zus.: Anken : -ballen, -faß, -kessel, -schnitte, -stock (s. Art. „Stock", Bed. 2).

Das Wort *Anken* ist Kaiser als schweizerische Besonderheit aufgefallen, und zwar ist es ihm in seinem Material als maskulines Substantiv mit dem Genitiv *des Ankens* begegnet. Er verweist zunächst auf Wörterbücher, die das Wort anführen (D = Duden Rechtschreibung, 14. und

---

[2] Herr Dr. Stephan Kaiser, Tübingen, hat mir freundlicherweise sein Manuskript schon im April 1966 zur Verfügung gestellt und mir auch sonst jederzeit überaus kollegial Auskünfte und Hinweise erteilt. Da die Arbeit von Kaiser noch im Druck ist, geben wir bei Verweisen auf Kaiser das entsprechende Stichwort, so daß dann, wenn die Arbeit erschienen ist, die genaue Stelle sehr leicht über das Register, das Kaiser seiner Arbeit beifügen wird, eruiert werden kann.

[3] Vgl. Kaiser, in der Einleitung.

[4] Es sind die Werke „Blätter aus dem Brotsack" (1940), „Die Schwierigen oder J'adore ce qui me brûle" (1943, zitiert nach der Neuausgabe von 1957), „Tagebuch 1946—1949" (1950), „Stiller" (1954), „Homo faber" (1957), „Mein Name sei Gantenbein" (1964).

15. Auflage; Id. = Idiotikon, Schweizerdeutsches Wörterbuch; SWb. = Schwäbisches Wörterbuch; DWb. = Deutsches Wörterbuch von J. und W. Grimm) und gibt die althochdeutsche und mittelhochdeutsche Entsprechung. Dann kommt eine Reihe von Siglen: „A. I, II häuf., III, IV gel." Sie enthält drei Informationen über den Gebrauch des Worts *Anken* im Schweizerhochdeutschen: über die räumliche Verbreitung (A = in Zeitungen aller Regionen belegt), über die gesellschaftliche Geltung (I, II = in Zeitungen mit niedrigen Auflagen belegt; III, IV = in Zeitungen mit hohen Auflagen belegt) und über die Stellung des Worts *Anken* gegenüber seinem Synonym *Butter* (häuf. = *Anken* ist in Zeitungen etwa gleich häufig wie *Butter*; gel. = gelegentlich: *Anken* erscheint in Zeitungen weniger häufig als *Butter*). Weiter: Vereinzelt hat Kaiser auch die Schreibung *Anggen* angetroffen. Er ist mit dem Synonym *Butter*, das Duden angibt, einverstanden, bringt aber noch einen Beleg für bildliche Verwendung. Das Frisch-Zitat soll zeigen, daß das Wort auch literatursprachlich belegt ist (Frisch II = J'adore ce qui me brûle). Schließlich gibt Kaiser die wichtigsten Zusammensetzungen mit *Anken* an, die ihm begegnet sind.

Aber nicht nur das umfassende Material und seine differenzierte Präsentation unterscheidet Kaisers Arbeit von den bisherigen Arbeiten zum Schweizerhochdeutschen. Neu ist auch der Ansatz. So selbstverständlich das ist: Kaiser vergleicht konsequent mit dem binnendeutschen Sprachgebrauch. Binnendeutsch nennt er die Sprache in (West-)Deutschland. Schweizerische Besonderheit ist, was vom binnendeutschen Sprachgebrauch abweicht. Das ist selbstverständlich, aber in vielen Fällen setzt das Erkennen einer schweizerischen Besonderheit den außerschweizerischen Standort voraus. Kaiser ist Deutscher. Die Vorstellung, die man sich in der Schweiz von der hochdeutschen Schriftsprache macht, deckt sich in vielen Fällen nicht mit dem tatsächlichen (binnen-)deutschen Sprachgebrauch. Eigene Erfahrungen können das bestätigen.

So stelle ich als Schweizer das Wort *verschnaufen* unter Helvetismusverdacht. Das Wort fehlt bei Kaiser: es ist also ihm, dem Deutschen, nicht als schweizerische Besonderheit aufgefallen.

Umgekehrt fällt mir bei Frisch das Wort *allfällig* nicht auf. Es kommt mir gemeindeutsch vor. Kaiser führt *allfällig* als schweizerische Besonderheit an.

Die Vorstellung, die man sich in der Schweiz von der hochdeutschen Schriftsprache macht, kann das schweizerische *allfällig* einschließen und das gemeindeutsche *verschnaufen* ausschließen. Oder: Wo der Schweizer regionale Unterschiede vermutet, geht es tatsächlich um Unterschiede zwischen Mundart und Schriftsprache, die keinen regionalen Hintergrund haben — um vertikale und nicht um horizontale Unterschiede.

1*

Ein deutscher Betrachter mißt horizontal: er vergleicht den Sprachgebrauch in der Schweiz mit dem Sprachgebrauch in Deutschland. So kann Kaiser ein objektives Bild regionaler Gegensätze geben. Der schweizerische Betrachter mißt vertikal: er kommt von der Mundart her und vergleicht das Schweizerhochdeutsche mit der Vorstellung, die er sich von der hochdeutschen Schriftsprache macht. So entsteht ein subjektives Bild. Vorzugsweise für mundartferne Helvetismen ist der schweizerische Betrachter blind. Denn mundartferne Helvetismen können sich mit der Vorstellung decken, die er sich vom Hochdeutschen macht. Er stellt sich das Hochdeutsche gern hochdeutscher vor, als es ist.

Die Sprache Max Frischs soll beschrieben werden in der Spannung zwischen Mundart und Schriftsprache — das heißt: vertikal aus der subjektiven schweizerischen Perspektive. Die subjektive Perspektive wäre pure Willkür, wenn sie sich nicht am objektiven Bild, das Kaiser bietet, kontrollieren könnte — und wenn sich die Vertikale Mundart — Schriftsprache nicht authentisch nachweisen ließe: im Werk von Max Frisch selbst.

Der Vergleich innerhalb des Werks von Frisch, besonders der Vergleich verschiedener Fassungen

Zwar hat Max Frisch seine Werke durchweg hochdeutsch geschrieben. Aber das Hochdeutsche ist ein Spielraum. In diesem Spielraum wirkt sich für den Schriftsteller Frisch die Spannung zwischen Mundart und Schriftsprache stilistisch aus. Die stilistische Alternative heißt Mundartnähe oder Mundartferne. Sie läßt sich beim Vergleich der Werke von Frisch authentisch belegen.

Das bisherige Werk von Frisch belegt eine Zeit von mehr als dreißig Jahren. Der erste Roman, „Jürg Reinhart", ist 1934 erschienen — sein bisher letztes Werk, das Spiel „Biografie", 1967. Beim Vergleich der Werke zeigen sich Verlagerungen des Stilwillens, die authentisch die Alternative zwischen Mundartnähe und Mundartferne bezeichnen.

Zu dieser generellen Vergleichsmöglichkeit innerhalb des Werks stellt sich besonders: der Vergleich verschiedener Fassungen. Es kommt einige Male vor, daß Frisch ein Theaterstück, das er schon publiziert hat, später wieder umarbeitet. Es kommt auch vor, daß er in einem neuen Roman Abschnitte aus früheren Werken verwendet. Das ist bekannt. Dagegen ist unbeachtet geblieben, daß Frisch beim Rückgriff auf ein früheres Werk Satz für Satz stilistisch überarbeitet hat. Selbst Max Frisch war überrascht, als ich ihm sagte, die verschiedenen (publizierten!) Fassungen unterschieden sich in über 8000 grammatisch formulierbaren Änderungen.

Ein Beispiel:

1934 schreibt Frisch	*Wieder lag das Meer in silbriger und makelloser Zartheit* Reinhart 64
1943 heißt der Satz	*Wieder lag das Meer in einem silbernen und makellosen Glanz* J'adore 22

Beim Vergleich zeigen sich drei grammatische Unterschiede in Wortbildung, Wortschatz, Syntax. Syntaktisch unterscheidet sich der Satz von 1934 vom Satz von 1943 durch den hinzugesetzten Artikel *einem*. Mit Wortbildung hat es der zweite Unterschied zu tun: ein *-ig*-Adjektiv (*silbrig*) wird durch ein Nicht-*ig*-Adjektiv (*silbern*) ersetzt. Der Unterschied *Zartheit/Glanz* schließlich hat es insofern mit Wortbildung zu tun, als ein *-heit*-Substantiv durch ein Nicht-*heit*-Substantiv ersetzt wird — gleichzeitig ist es ein lexikalischer Unterschied, insofern die Vorstellung *zart-* durch die Vorstellung *glanz* abgelöst wird.

In grammatisch formulierbaren Änderungen hat sich die stilistische Alternative zwischen Mundartnähe und Mundartferne sozusagen seismographisch niedergeschlagen. Was ist mundartnah und was mundartfern? Das zeigt sich bei der (mechanischen) Umsetzung des Satzes in schweizerdeutsche Mundart:[5]

wider isch s meer imene silberige und maakelloose glanz gläge.

Mundartnah und mundartfern sind relative Bestimmungen. An sich ist *Glanz* weder mundartnah noch mundartfern, sondern einfach hochdeutsch. Erst relativ zur Alternative *Zartheit* wird es mundartnah. Erst im stilistischen Zusammen- und Gegeneinanderspiel von Mundartnähe und Mundartferne ergibt sich das, was beschrieben werden soll: die Sprache Max Frischs in der Spannung zwischen Mundart und Schriftsprache.

Nun die Texte, die in verschiedenen Fassungen publiziert[6] sind, mit der Zahl der sprachlichen Änderungen und je einem repräsentativen Beispiel.

Reinhart 1934 / J'adore 1943: 2784 Änderungen.

Auszüge aus dem Erstling „Jürg Reinhart" (1934) machen den ersten Teil des Romans „J'adore ce qui me brûle oder Die Schwierigen"

---

[5] Wir transkribieren die Mundart nach dem Transkriptionssystem der „Zürichdeutschen Grammatik" (§ 3), das sich seinerseits richtet nach den Leitlinien von Eugen Dieth, Schwyzertütschi Dialäktschrift / Leitfaden einer einheitlichen Schreibweise für alle Dialekte, Zürich 1938. Um die Mundart augenfällig gegenüber dem Hochdeutschen abzusetzen, schreiben wir alle Mundartwörter klein.

[6] Publiziert heißt hier: im Buchhandel erhältlich oder wenigstens einmal erhältlich gewesen. So fällt zum Beispiel weg die zweite Bühnenfassung von „Graf Oederland", die zwar 1956 in Frankfurt aufgeführt wurde, aber nie in Buchform erschienen ist.

(1943)[7] aus. Frisch hat für seinen zweiten Roman den Erstling auf ein Drittel gekürzt und Satz für Satz stilistisch überarbeitet.

Reinhart 1934, 241	J'adore 1943, 80
Aber dann war jenes bekannte Uferstück wieder ruhig geworden. Der Segelmast stand still wie ein Bohnenstecken. Bloß unter der Mauer, wo die schwarze Winkende stand, triefte noch das schäumige Wasser aus allen Ritzen	*Aber dann war das Ufer, das vertraute, schon wieder still geworden; der Segelmast stand wie ein Bohnenstickel, und bloß unter der Mauer, wo die schwarze Winkende stand, troff noch das schäumige Wasser aus allen Ritzen*

J'adore 1943, Tagebuch 1946 / Stiller 1954: 186 Änderungen.

Die Seiten 461—465 im Roman „Stiller" (1954) hat Frisch aus zwei früher geschriebenen Texten zusammengesetzt: aus einer Tagebuchnotiz von 1946 (Tagebuch 142) und aus Abschnitten in „J'adore ce qui me brûle" (J'adore 1943 S. 141—151, 162, 361—363).

J'adore 1943, 146	Stiller 1954, 462
und doch wäre jedes Lebensalter schön, je weniger wir das, was ihm zukommt, verleugneten oder verträumten oder aufschöben! Auch der Tod, der uns einmal zukommt, läßt sich ja nicht aufschieben.	*und doch wäre jedes Lebensalter schön, je weniger wir verleugnen oder verträumen, was ihm zukommt, denn auch der Tod, der uns einmal zukommt, läßt sich ja nicht verleugnen, nicht verträumen, nicht aufschieben.*

Chin. Mauer 1946 / Chin. Mauer 1955: 706 Änderungen.

Zwei Fassungen gibt es von Frischs drittem Stück, der Farce „Die chinesische Mauer". Die erste Fassung wurde 1946 in Zürich uraufgeführt, die zweite 1955 in Berlin.

Chin. Mauer 1946, 24	Chin. Mauer 1955, 163—164
ein junger Spanier, der mit seinem Handschuh spielt und seinem Partner nur mit Ungeduld zuhört	*ein jugendlicher Spanier, der ungeduldig, dieweil er zuhört, mit einem Handschuh tändelt*

Oederland 1946 / Oederland 1951 / Oederland 1961: 2006 Änderungen.

Das Theaterstück, mit dem sich Frisch am längsten beschäftigt hat, ist „Graf Oederland": es ist in drei Fassungen publiziert. Die erste Skizze hat Frisch 1946 geschrieben, sie steht im Tagebuch (73—113).

---

[7] Kaiser zitiert „J'adore ce qui me brûle" nach der Neuausgabe von 1957, wo der für uns wichtige erste Teil fehlt.

Die erste Bühnenfassung wird 1951 in Zürich uraufgeführt. (Die zweite Bühnenfassung, die 1956 in Frankfurt aufgeführt wurde, hat Frisch nicht publizieren lassen.) 1961, fünfzehn Jahre nach dem ersten Entwurf im Tagebuch, wird in Berlin die endgültige Fassung erstaufgeführt.

Oederland

1946, 73: *„Was ist das für ein Kerl", sagt endlich der Vater: „der draußen herumstreicht?"*

1951, 29: *Was ist das für ein Kerl da draußen? Streicht schon wieder um das Haus herum.*

1961, 319: *Was ist das für ein Kerl da draußen? Jetzt streicht er schon wieder ums Haus herum.*

Biedermann 1953 / Biedermann 1958: 593 Änderungen.

Das Lehrstück ohne Lehre „Biedermann und die Brandstifter" ist aus dem Hörspiel „Herr Biedermann und die Brandstifter" entstanden. Das Hörspiel wurde 1953 zum ersten Male gesendet, das Bühnenstück 1958 in Zürich uraufgeführt.

Biedermann 1953, 24	Biedermann 1958, 141
Im Ernst, ich verstehe nicht ein Wort. / Im Ernst! sagt sie. Im Ernst! Sie hören es? / Was soll das alles heißen? / Laß dich nicht foppen, Babette. Ich habe dir ja gesagt, unsere Freunde haben eine Art zu scherzen	*Jetzt aber im Ernst, meine Herren, was soll das alles? / Im Ernst! sagt sie. Im Ernst! Hören Sie das? Im Ernst … Laß dich nicht foppen, Babette, ich hab's dir gesagt, unsere Freunde haben eine Art zu scherzen*

Don Juan 1953 / Don Juan 1962: 1614 Änderungen.

Die Komödie „Don Juan oder Die Liebe zur Geometrie" liegt in zwei Fassungen vor: in der ersten von 1953 und der revidierten von 1962.

Don Juan 1953, 24	Don Juan 1962, 19
Er sucht nicht dich, glaube ich. Der arme Pfau, seit sieben Wochen wirbt er mit dieser heiseren Stimme, schlägt immerzu sein buntes Rad, damit die Donna Pfau ihn erhört. Aber ihr, scheint es, ist es bange wie dir	*Er sucht nicht dich, der arme Pfau, seit sieben Wochen wirbt er mit dieser heiseren Stimme und schlägt sein buntes Rad immerzu, damit die Donna Pfau ihn erhöre. Aber ihr, so scheint es, ist bang wie dir*

Tonband 1961 / Gantenbein 1964: 155 Änderungen.

In den Jahren 1961–1964 hat Frisch am Roman „Mein Name sei Gantenbein" gearbeitet. Das Frühstadium präsentiert die Passage „Tonband", die Frisch 1961 auf Schallplatte gesprochen hat. Sie läßt sich vergleichen mit dem endgültigen Text Gantenbein 413 bis 420.

Tonband 1961	Gantenbein 1964, 413
Was mich an Gesprächen so anregt: wie sie ohne mich weiterlaufen, manchmal mein ich es mir vorstellen zu können	*Wie die Gespräche meiner Freunde weitergehen ohne mich, manchmal glaube ich es mir vorstellen zu können*

Das Gespräch mit Max Frisch

Wohl zum ersten Male durfte das Sprachgefühl und der Sprachwille eines Schriftsteller typologisch vollständig getestet werden: im Gespräch mit Max Frisch.

Von ganz konkreten Wort- und Satzbeispielen aus, systematisch aus allen bisherigen Werken von Frisch zusammengesucht, wurde Max Frisch ausgefragt:[8] Was fällt Ihnen in diesem Satz auf? Was könnte man anders sagen? Was gefällt Ihnen heute besser? Wie würden Sie in Ihrer Mundart sagen? Usw. – Wenn das für ihn schon rein physisch eine Zumutung bedeutete, so war es darüber hinaus eine Zumutung, von einem Schriftsteller Reflexionen über unbewußte Sprachentscheide zu erwarten. Max Frisch hat auf die Fragen ideal reagiert. Gehört es doch zum Schwierigsten, über das Sprachgefühl (eben ein Gefühl, etwas Unbewußtes) bewußt zu reflektieren, rein innersprachliche Differenzierungen in Sprache zu fassen. Aber eben: es ist nicht zufällig, daß Max Frisch sprachliche Reflexionen so leicht fallen, daß er spontan und unbefangen hier das Richtige trifft – trifft sich doch diese Begabung mit der ebenso singulären, die deutschschweizerische Sprachsituation ganz elementar auszunützen.

Das Gespräch mit Max Frisch hat im August 1966 im Tessin stattgefunden.

---

[8] Die Fragen wurden ausprobiert, bevor sie Max Frisch gestellt wurden: als Testpersonen stellten sich freundlicherweise zur Verfügung Herr Peter Bichsel, Schriftsteller, Bellach SO, und Herr Dr. Peter Schäublin, Dübendorf ZH bzw. Cork University, Ireland.

MUNDART UND SCHRIFTSPRACHE

Wenn die Sprache Max Frischs beschrieben werden soll in ihrer Spannung zwischen Mundart und Schriftsprache, setzt das als Selbstverständlichkeit voraus, daß Max Frisch Mundart spricht. Selbstverständliche Voraussetzung ist die deutschschweizerische Sprachsituation:[9] sie wird bestimmt durch die Spannung zwischen schweizerdeutscher Mundart und hochdeutscher Schriftsprache. Max Frisch schreibt nicht schweizerdeutsch, sondern hochdeutsch.

Da könnte die Stellung, die die Mundart in Frischs Alltag einnimmt, zunächst enttäuschen. Nicht nur, daß es Max Frisch durchaus keine Mühe bereitet, hochdeutsch zu sprechen — manchmal fällt ihm das Hochdeutsche sogar leichter als die Mundart, vor allem, wenn es um Abstraktes geht. Und er schätzt, daß er in seinem gegenwärtigen Alltag nur etwa zur Hälfte Mundart spricht. Mundart ist also jedenfalls nicht seine ausschließliche Alltagssprache.

Doch hat das äußere Gründe. Max Frisch wohnt heute (1966) im Tessin, vorher lebte er längere Zeit in Rom.[10] Die Mundart ist in Frischs Alltag deshalb nicht selbstverständlich, weil das Gespräch mit Deutschschweizern nicht die Regel ist. Die Selbstverständlichkeit der Mundart stellt sich aber sofort ein, wenn ein deutschschweizerischer Partner da ist.

So kann es vorkommen, daß Max Frisch in Situationen, wo er lange hat hochdeutsch sprechen müssen, zum Beispiel im Ausland, eine besondere Lust bekommt, wieder Mundart zu sprechen, wenn sich ihm die Gelegenheit bietet, das heißt, wenn ein Schweizer zu ihm kommt.

Und natürlich ist es bei ihm wie bei allen Schweizern: wenn er mit einem Schweizer und einem Deutschen zusammen ist, spricht man hochdeutsch, aber sobald der Deutsche hinausgeht, wechselt man auf Mundart über.

Es ist für Max Frisch selbstverständlich, daß er im privaten Gespräch mit einem Deutschschweizer zürichdeutsch spricht. Im privaten Gespräch mit einem Deutschschweizer formuliert Max Frisch diese Selbstverständlichkeit in seiner zürichdeutschen Mundart so:

[9] Die deutschschweizerische Sprachsituation beschreibt und kommentiert umfassend Rudolf Schwarzenbach, Die Stellung der Mundart in der deutschsprachigen Schweiz, Beiträge zur schweizerdeutschen Mundartforschung Bd. XVII, Frauenfeld 1969.

[10] In diesem Sinn, aber nur in diesem äußerlichen Sinn, ist Max Frischs persönliche Sprachsituation nicht repräsentativ für die durchschnittliche Sprachsituation des Deutschschweizers.

... han aber wän ich zum byspil i situatioone bi wo n ich lang ha
müese hochtüütsch rede e bsunderi luscht de wider also wän glägehäit
isch im ussland es chunt e schwyzer oder so dänn mundart z rede
und natüürlich au wie ali so daß wänn i mit eme schwyzer zäme bin
und mit eme tüütsche und mer reded hochtüütsch sobald dë usegaat
bricht s ab und änderet

Soweit ist die Mundart selbstverständlich: mit einem Deutschschweizer
spricht Max Frisch spontan so, wie es eben diese Sätze dokumentieren,
eine Sprache also, die sich in manchem von der Hochsprache unterscheidet.
Es gibt nun in eben diesen Sätzen mundartliche Eigenheiten, die sich in
Frischs literarischem Werk als stilistische Eigenheiten nachweisen lassen.
Frischs zürichdeutsche Mundart gibt die Basis ab, von der aus sein literarisches Werk stilistisch befragt wird.

Max Frisch möchte die Mundart als seine Grundsprache bezeichnen.
Er ist in Zürich und im Zürichdeutschen aufgewachsen. Er sagt zum Beispiel in seiner Mundart für ‚nah' „nëëch", und „nëëch" ist eine (fast) ausschließlich zürichdeutsche Form.[11] Die deutschschweizerische Sprachsituation wird bestimmt durch die Spannung zwischen Mundart und
Schriftsprache. Frisch schreibt nicht in der Grundsprache, der Sprache des
Herkommens. Mundart wird von ihm nur gesprochen, nicht geschrieben.
Er schreibt hochdeutsch. Frisch schreibt sogar dann hochdeutsch, wenn er
eine Mundartrede konzipiert. Das ist der Fall gewesen bei seiner Rede
zum 1. August 1957.[12] Er hat die Rede in Mundart gehalten, zwar auf
Mundartsprechbarkeit hin konzipiert, aber das Script hochdeutsch ab-
gefaßt.

Das Hochdeutsche als Schriftsprache ist für Max Frisch ebenso selbstverständlich wie die Mundart im Gespräch mit Deutschschweizern. Frisch
glaubt nicht, daß er sich je einen Satz vor der Niederschrift in der Mundart zurechtgelegt hat. Sobald er etwas zu formulieren gedenkt, geht er
ganz von selbst ins Hochdeutsche, eben in die Schriftsprache, über.

Zürcher sprechen untereinander zürichdeutsch, aber im Roman führen sie einen hochdeutschen Dialog. Max Frisch ist sich dieser Selbstverständlichkeit erst so richtig bewußt geworden, als er 1965 an einem Film

---

[11] Vgl. dazu SDS I 90 (Sprachatlas der deutschen Schweiz, Band I, Lautgeogra-
phie: Vokalqualität, bearbeitet von Rudolf Hotzenköcherle und Rudolf
Trüb, Bern 1962): die Form *nëëch* ist belegt für 37 Orte des Kantons
Zürich, sonst nur noch für acht Orte im angrenzenden Aargau, einen Ort im
Kanton Zug und drei Orte im Kanton St. Gallen.

[12] Die Rede ist publiziert in „Öffentlichkeit als Partner" (7—14): „der vor-
gelegte Text beruht auf dem unerwarteten Stenogramm eines Bericht-
erstatters und ist seine Übersetzung in Schriftdeutsch" (Öffentlichkeit 151).

arbeitete, der in Zürich spielen sollte. Er sagte anläßlich der Lesung des Drehbuchs von „Zürich — Transit" in Berlin:[13]

> „Wenn ich einen Roman schreibe, der in Zürich spielt, und wenn die Zürcher in einem Buch sprechen miteinander nicht züritüütsch, sondern einigermaßen hochdeutsch, fällt Ihnen nicht auf die Unstimmigkeit, und auch uns fällt sie nicht auf: in Romanen sprechen die Schweizer nun einmal hochdeutsch. Schon auf der Bühne wird es sehr viel schwieriger: es ist kein Zufall, daß wir, wenn wir Stücke schreiben, sie nicht in Zürich oder Bern spielen lassen, sondern in Güllen oder Andorra. Und nun der Film: die Fotografie hat unweigerlich etwas Authentisches, sobald wir fotografieren, kommen wir nicht umhin: Zürich ist Zürich. Und wenn ich vor einer Fotografie, die das Großmünster beispielsweise von Zürich zeigt, zwei Leute sehe und höre, die nicht Mundart sprechen, so sind es eben keine Zürcher, sondern deutsche Touristen. Ehrismann ist aber ein Zürcher, er muß es sein, sonst verfehl ich das Thema, die Entfremdung am Ort der Herkunft. Sie sehen, das Sprachproblem, das beim Roman nur dem Verfasser bewußt ist, hier wird es evident, es gilt, aus der Not eine stilistische Notwendigkeit zu machen."

„Zürich — Transit" ist Beispiel dafür, wie konstruktiv Frisch die deutschschweizerische Sprachsituation auswertet. Am Anfang der Überlegungen stand einerseits, daß der Film in Zürich spielen muß, andererseits, daß ein Zürcher vor einer fotografierten Wirklichkeit mit Zürchern nicht hochdeutsch sprechen darf. So hat Frisch ursprünglich einen Film ohne Dialog geplant, nur mit off-Stimme (in Hochdeutsch) und einer für den deutschen Zuschauer unverständlichen Kulisse in Mundart. Einen Film, der keinen Dialog als Handlungsträger hat. Die deutschschweizerische Sprachsituation also zwingt zum Ausweg in die Dialoglosigkeit. Dieser erzwungene Ausweg kommt aber dem Thema gerade entgegen, dem Thema Entfremdung am Ort der Herkunft. Offiziell ist Ehrismann, die Hauptfigur, gestorben — deshalb kann er mit niemandem sprechen. Später hat dann Frisch doch zwei kleine Dialogszenen eingefügt, paradoxerweise um eben die Kommunikationslosigkeit zu demonstrieren. Doch auch da zwingt die deutschschweizerische Sprachsituation zu einem Ausweg. Es sind nicht Deutschschweizer, mit denen Ehrismann spricht. Der hochdeutsche Dialog ist motiviert dadurch, daß der eine, Maschke, ein Norddeutscher, die andere, Yvette, Westschweizerin ist. Und auch da kommt der Ausweg dem Thema zugute: es sind nicht die Personen am Ort der Herkunft, mit denen Ehrismann sprechen kann, sondern Fremde.

---

[13] Lesung in Berlin März 1966. Die vorliegende Passage ist nicht publiziert, sie wurde transkribiert nach der Fernsehaufzeichnung.

In beiden Fällen demonstriert der Ausweg, den die deutschschweizerische Sprachsituation erzwingt, das Thema: Entfremdung am Ort der Herkunft.

Dialoglosigkeit ist also der eine Ausweg. Der andere der Dialog mit Nicht-Deutschschweizern. Einen dritten Ausweg wählt Max Frisch in seinen Theaterstücken: den Verzicht auf den Schauplatz Deutschschweiz. Denn nicht nur im Film, auch auf der Bühne würde es Frisch stören, wenn Deutschschweizer einen hochdeutschen Dialog führen müßten. Keines seiner Theaterstücke spielt zum Beispiel dezidiert in Zürich. Zürich kann aber mitgemeint sein. Der Verzicht auf den Schauplatz Deutschschweiz auch dann, wenn Zürich nicht ausgenommen werden soll, ist möglich, weil die Bühne nicht nach einer geographischen Fixierung des Schauplatzes verlangt. Dialoglosigkeit, Dialog mit Nicht-Deutschschweizern, Verzicht auf den Schauplatz Deutschschweiz: Frisch wählt beim Film und Theater diese Auswege, weil er das Filmdrehbuch oder Theaterstück nicht eigentlich zum Lesen, sondern von allem Anfang an für die Verfilmung oder Aufführung schreibt. Geschriebene Sprache soll zu gesprochener Sprache werden.

Wo geschriebene Sprache geschrieben bleibt, stört Frisch die Diskrepanz zwischen deutschschweizerischem Schauplatz und hochdeutschem Dialog nicht. Das ist der Fall im Roman. Das Filmdrehbuch „Zürich — Transit" basiert auf einer Episode im Roman „Mein Name sei Gantenbein". Zwingt die deutschschweizerische Sprachsituation beim Film zu Auswegen, so tut sie das beim Roman nicht. Im Roman, wo die Dialoge als geschriebene Sprache gelesen und nicht als gesprochene Sprache gehört werden, stört es nicht, wenn Schweizer einen hochdeutschen Dialog führen. Hochdeutscher Dialog ist da die unproblematische Regel. Die Regel bestätigt sich an den Ausnahmen:

In „Gantenbein" gibt es an zwei Stellen Dialogstücke in Mundart. Einmal ist es ein Deutscher, der sich mit einem „*Grüssi!*", das er für schweizerdeutsch hält, anbiedern will (Gantenbein 80), und sogar weiß, was Küchenkasten heißt: *Chuchichäschtli* (81). Dann ist es ein Tiroler, der aber nicht Schweizer, sondern Tiroler Mundart spricht (171). Schweizer führen in diesem Roman nie einen Dialog in Mundart. Wie überhaupt: Außer in „Zürich — Transit", wo der Dialog nicht Handlungsträger, sondern Kulisse ist, gibt es im ganzen Werk Frischs nur noch ein Dialogstück in Mundart. In den „Blättern aus dem Brotsack" (91) schneidet das Kind einen Soldaten aus Papier und sagt zu seinem Vater: „*Gäll Vatter, das bischt du?*"

Wo in Wirklichkeit Mundart gesprochen würde, erscheint im Roman hochdeutscher Dialog. Gesprochene Mundart entspricht geschriebenem

Hochdeutsch. Die Nur-Gesprochenheit scheint das Hauptkennzeichen der Mundart zu sein. Allerdings bestimmt sich die Spannung zwischen Mundart und Schriftsprache nicht hinreichend durch den Gegensatz zwischen ‚gesprochen‘ und ‚geschrieben‘. Zwar schreibt Max Frisch nur hochdeutsch, aber er spricht nicht nur zürichdeutsch.

Wenn es um Abstraktes geht, fällt es Max Frisch sogar leichter, hochdeutsch zu sprechen. Also scheint in der Spannung zwischen Mundart und Hochdeutsch ein Gegensatz zwischen ‚konkret‘ und ‚abstrakt‘ mitzuspielen. Das Hochdeutsche wäre eher die Sprache für Abstraktes, die Mundart eher die Sprache für Konkretes. Es wäre ein Unterschied, der sich nicht nach dem Gesprächspartner (Mundart mit Schweizern, Hochdeutsch mit Deutschen), sondern nach dem Thema richten würde. Er wäre vor allem dort zu suchen, wo die Bindung der Sprache an den Gesprächspartner entfällt: im Denken. Nun sind Aussagen über die Sprache des Denkens ungemein schwierig. Immerhin nimmt Frisch an, daß er eine Überlegung von der Art: ‚Soll ich heute noch nach Locarno gehen oder nicht?‘ in unausgesprochener Mundart denken würde. Wie er allgemein annimmt, daß er wahrscheinlich dort in unausgesprochener Mundart (und nicht in Hochdeutsch) denkt, wo es um die praktischen Dinge geht, um die in einem neutralen Sinn banalen, die alltäglichen und handgreiflichen Dinge. Sobald es hingegen abstrakt wird, schon zum Beispiel bei Sternkunde, bei Geometrie und Stereometrie, würde er wahrscheinlich eher in unausgesprochenem Hochdeutsch denken. Also etwa: die Überlegung ‚i mues de na de gaarte sprütze nid vergässe‘ in Mundart — dagegen die Überlegung ‚Wie ist das jetzt eigentlich bei Einstein: Abweichung des Lichtstrahls usw.‘ eher in Hochdeutsch.

Konkret-alltägliche Überlegungen sind der Mundart reserviert — auch dann, wenn sich Max Frisch über längere Zeit im Ausland aufhält. Daß die Mundart die Sprache für Konkretes, das Hochdeutsche eher die Sprache für Abstraktes ist, wirkt sich auch auf einer anderen Ebene aus:

> Das Wort *verschnaufen* — Frisch schreibt zum Beispiel: *Schon bei der Universität muß er verschnaufen* (Gantenbein 19) — ist durchaus gemeindeutsch. Es fehlt denn auch bei Kaiser: *verschnaufen* ist keine schweizerische Besonderheit. Max Frisch empfindet es aber als direkte Umsetzung aus dem schweizerdeutschen *verschnuufe* — in seiner Sicht ist *verschnaufen* ein Helvetismus.

Umgekehrt hält er das Wort *allfällig* für gut hochdeutsch. *allfällig* aber wird von Kaiser[14] als schweizerische Besonderheit angeführt.

---

[14] Kaiser »*allfällig*«.

Es kann also vorkommen, daß Max Frisch ein Wort als Helvetismus einstuft, das durchaus gemeindeutsch ist — und umgekehrt kann er ein Wort für gut hochdeutsch halten, das ausgesprochen regional ist. In solchen Verschiebungen manifestiert sich der Gegensatz zwischen ‚konkret‘ und ‚abstrakt‘. Gegenüber *allfällig* ist *verschnaufen* etwas Konkretes, etwas Sinnlich-Körperliches. Wo es um Konkretes geht, meldet sich gern Helvetismusverdacht. Frisch schreibt im Brief an Kaiser:[15] „Zum Beispiel ist unsere Mundart eine sehr dingliche, wenig zur Abstraktion geneigte Sprache." Abstraktes entgeht dem Helvetismusverdacht eher.

Max Frisch empfindet *verschnaufen* als Helvetismus. Als gut hochdeutsche Alternative sieht er die Ausdrücke *Atem schöpfen, Atem holen,* die er aber nicht schreiben würde, weil sie ihm zu konventionell scheinen. In Wirklichkeit ist der vermeintliche Helvetismus *verschnaufen* ebenso hochdeutsch wie die konventionelle Alternative *Atem schöpfen, Atem holen.* Dem vermeintlich regionalen Unterschied liegt in Wirklichkeit ein Unterschied in der Stilhöhe zugrunde. Gegenüber *verschnaufen* nehmen sich die Ausdrücke *Atem schöpfen, Atem holen* gehoben aus. Die Hochsprache vermeidet das allzu Körperlich-Konkrete. Unter Helvetismusverdacht stellt Max Frisch das, was ihm nicht hochsprachlich scheint. Die Mundart möchte Frisch als seine Grundsprache bezeichnen. Kennt er das Hochdeutsche vor allem als Hochsprache?

Frisch glaubt, daß das zutrifft. Es gelte heute vielleicht weniger als früher, das heißt während der ganzen Hitlerzeit, als der Kontakt mit Deutschen aus politischen Gründen eingeschränkt war. Damals war für ihn das Hochdeutsche hauptsächlich Schrift- und Literatursprache. Zwar hatte Frisch auch in dieser Zeit Kontakt mit Deutschen, zum Beispiel mit Emigranten am Schauspielhaus Zürich, aber es waren ausschließlich Deutsche aus der gebildeten oder literarischen Schicht. Zudem sei die damalige Literatur etwas prüde gewesen — und so könne es vorkommen, daß er heute in Deutschland hochdeutsche Wörter vernimmt, wenn er zum Beispiel einen Schaffner sprechen hört, die er aus der damaligen Schrift- und Literatursprache, in der sich ihm lange Zeit das Hochdeutsche schlechthin repräsentierte, nicht kennt.

Heute spricht und hört Max Frisch in seinem Alltag wohl etwa gleich viel Hochdeutsch wie Mundart. Wenn er aber das gemeindeutsche *verschnaufen* vom Hochdeutschen ausschließt und den Helvetismus *allfällig* einschließt, zeigt das, daß der Schriftsteller Frisch seine Sprache auch heute noch an der speziellen Schicht der Hochsprache mißt und nicht an der ganzen Breite des hochdeutschen (oder genauer: des „binnendeutschen") Sprachgebrauchs. Frisch hält den Helvetismus *allfällig* für gut hoch-

---

[15] Abgedruckt bei Kaiser in der Einleitung.

deutsch, weil er stilistisch der Vorstellung Hochsprache entspricht, während das gemeindeutsche *verschnaufen* nicht zu dieser stilistischen Vorstellung paßt. Denn das Hochdeutsche als Hochsprache steht für Frisch in einem eminent stilistischen Gegensatz zur Grundsprache Mundart. Wenn ihm die Hochsprache die stilistischen Möglichkeiten des Schriftlichen, des Abstrakten und des Gehobenen bietet, verhält sich die Grundsprache Mundart — in seiner Sicht — genau komplementär dazu mit den stilistischen Möglichkeiten des Gesprochenen, des Konkreten und des Gewöhnlichen.

Die beiden Selbstverständlichkeiten, die die deutschschweizerische Sprachsituation ausmachen, die Selbstverständlichkeit, daß man unter Deutschschweizern Mundart spricht, und die Selbstverständlichkeit, daß der Deutschschweizer hochdeutsch schreibt, bekommen für den Schriftsteller stilistische Relevanz. Die Spannung zwischen Mundart und Schriftsprache wird in seiner Sicht zur Spannung zwischen zwei gegensätzlichen Stilmöglichkeiten. Heute findet Max Frisch, das Handicap der deutschschweizerischen Sprachsituation liege gerade darin, daß die Chance der Mundart nicht auf direktem Weg ausgenützt werden könne, sondern nur über den Umweg des sogenannt guten Hochdeutsch.

Wenn der deutschschweizerische Schriftsteller seine Sprache nach der Vorstellung Hochsprache ausrichtet, so erscheint als besonders gut (korrekt) hochdeutsch, was möglichst mundartfern ist. (Frisch meint, man müßte wohl sehr lange warten, bis er *allfällig* in der Mundart sagen würde.) Die Angst vor Helvetismen kommt der Angst vor Mundartnähe gleich. Und eben das überkompensatorische Bemühen um ein vermeintlich besonders gutes, das heißt mundartfernes Hochdeutsch möchte Frisch als Umweg bezeichnen, als leider fast obligatorisches Handicap des deutschschweizerischen Schriftstellers.

Warum kann die stilistische Möglichkeit der Mundart nicht auf direktem Weg ausgenützt werden? Oder: Warum schreibt Frisch nicht schweizerdeutsch? In „Andorra" ist die Schweiz mitgemeint. „Andorra" stellt die Frage, was geschehen wäre, wenn die Deutschen in die Schweiz einmarschiert wären: warum kein Theaterstück, das ganz konkret die Schweiz im Zweiten Weltkrieg zum Thema hätte, mit schweizerdeutschem Dialog? Wenn die deutschschweizerische Sprachsituation Frisch schon zu Auswegen zwingen kann, beim Filmdrehbuch „Zürich — Transit" zu den Auswegen der Dialoglosigkeit und des Dialogs mit Nicht-Deutschschweizern, bei seinen Theaterstücken zum Ausweg, auf den Schauplatz Deutschschweiz zu verzichten: Warum schreibt er nicht einfach einen schweizerdeutschen Dialog?

Ein Grund ist sicher die Verständlichkeit. Die schweizerdeutsche Mundart wäre für einen Deutschen schwer oder nicht verständlich. Max Frisch schreibt aber nicht nur für Schweizer. Und seinen deutschen Lesern traut er eher Englisch- als Schweizerdeutsch-Kenntnisse zu (Englisch-Dialoge sind in seinen Romanen viel häufiger als Mundart-Dialoge). Allerdings reicht die Rücksicht auf die Verständlichkeit als Motiv nicht ganz aus. Hat Frisch doch im Stück „Als der Krieg zu Ende war" die Rolle des Jehuda Karp durchgehend in jiddischer Sprache geschrieben. Wenn Schweizerdeutsch unverständlich ist, ist es Jiddisch mindestens ebenso.

Max Frisch glaubt zunächst, es habe nicht direkt mit der Sprache zu tun, wenn er „Andorra" hochdeutsch und nicht schweizerdeutsch geschrieben habe. Zwar könne der Schweizer Schriftsteller deshalb genötigt werden, die konkret gemeinte Schweiz in ein überschweizerisches Modell umzuwandeln, weil er eine Sprache schreiben möchte, die auch in Deutschland verstanden wird. Bei „Andorra" sei jedoch nicht ausschlaggebend gewesen, daß das Hochdeutsche eine Sprache ist, die auch außerhalb der Schweiz verstanden wird. Es sei ihm vor aller Rücksicht auf Verständlichkeit vielmehr darum gegangen, ein bestimmtes Muster, das Muster der Schweiz, nicht auf die Schweiz zu beschränken, sondern als Muster für viele andere Länder zu zeigen.

Angenommen, Frisch käme doch einmal dazu, ein Theaterstück mit schweizerdeutschem Dialog zu schreiben: würde ihm dann der schweizerdeutsche Dialog leichter oder schwerer fallen als ein hochdeutscher Dialog? Max Frisch meint: schwerer — viel schwerer.

Einmal hat er sehr viel mehr hochdeutsche Dialoge gelesen als Mundartdialoge. Das Handwerk, einen Dialog zu schreiben, hat er an hochdeutschen und nicht an schweizerdeutschen Beispielen erlernt.

Dazu kommt aber etwas ganz anderes.

Dort, wo Frisch tatsächlich einen Mundartdialog geschrieben hat, in „Zürich — Transit", ist er nicht Handlungsträger, sondern nur dokumentarische Kulisse, die vom deutschen Zuschauer nicht verstanden zu werden braucht. Der Mundartdialog dokumentiert einfach den Schauplatz Zürich, etwa so wie das fotografierte Großmünster. Als dokumentarische Kulisse ist der Mundartdialog stilistisch anonym. Er müßte nicht von einem Schriftsteller geschrieben sein; der individuelle Sprachstil Max Frischs ist an ihm nicht zu erkennen.

Fällt Frisch der hochdeutsche Dialog deshalb leichter als ein Mundartdialog, weil er im Hochdeutschen leichter zu einem individuellen Stil kommt? Ein Mundartdialog wäre anonym und unpersönlich? — Max Frisch hält das für richtig.

Wenn er — zum Beispiel in einer Diskussion — Mundart spricht, habe er das Gefühl, er spreche viel mehr eine Kollektivsprache als eine individuelle Sprache. Das Hochdeutsche ist ihm über lange Zeit sozusagen nur als Schrift- und Literatursprache begegnet, beschränkt auf Gesprächspartner aus der gebildeten oder literarischen Schicht. Mundart dagegen hört Frisch in allen Bevölkerungsschichten, er spreche Mundart mit einem Trämler, mit einem Sowieso, mit einem Stadtrat usw. Wenn sich aber der individuelle Stil realisiert im Abstand zur Norm, so richtet sich eine Sprache mit sozial unbeschränktem Anwendungsbereich nach dem Anspruch der jeweiligen kollektiven Norm. Und Frischs Mundart reagiert empfindlich auf den Anspruch der Norm. Wenn sich die kollektive Norm ändert, wandelt sich auch Frischs Mundart. Das zeigt der Fall eines solchen Mundartwandels:

> Befragt, ob er heute für *Butter* in seiner Mundart *butter* oder *anke* sage, meint Frisch: nur *butter*. Früher dagegen, in der Kindheit bei ihm daheim, habe man *anke* gesagt. Und *anke* sei auch nie eigentlich abgeschafft worden, es sei einfach übergegangen in *butter*. Heute gehe *anke* für ihn allenfalls noch in der Verbindung *hèrdöpfel und anke*, denn das empfinde er als festes Begriffspaar; aber sonst, wenn er in der Deutschschweiz zu einem Bauern sagen würde und möglicherweise auch sagt: *gänd Si mer na chly anke*, käme er sich doch wohl ein bißchen blöd vor, so leicht anbiedernd, Landsmann spielend. Abgesehen davon, daß er viel mit Deutschen zusammen ist: Frisch sieht den Grund für den Übergang von *anke* zu *butter* darin, daß *anke* während der Hitlerzeit zu einem Wort der patriotischen Mundartbewegung geworden sei. Zu dieser Zeit sei es geradezu ein nationaler Verteidigungsakt gewesen, *anke* zu sagen und nicht *butter*, und das sei ihm dann widerwärtig geworden.

Frischs Mundart richtet sich nach der jeweiligen Norm, das heißt, sie tendiert zum unauffälligen und neutralen Ausdruck. So läuft jedes Betonen von Mundartlichkeit der Mundart zuwider, denn betonte Mundart ist Mundart, die auffallen soll. Dabei vollzieht sich der Mundartwandel vom Auffällig-Gewordenen zum Neutralen unbewußt: das auffällig gewordene *anke* ist nicht bewußt abgeschafft worden, sondern sozusagen von selbst ins neutrale *butter* übergegangen. Mundart ist kollektive Sprache und Hochdeutsch individuelle Sprache.

Gleichzeitig ist Mundart eine unbewußte und Hochdeutsch eine bewußte Sprache. Frisch sagt: Weil die Mundart gleichsam die eigene Haut sei, beachte er sie auch weniger. Weil er das Hochdeutsche über lange Zeit nur als Schrift- und Literatursprache gekannt hat, beobachtet er einen hochdeutschen Dialog automatisch viel mehr.

Wenn Max Frisch einen Mundartsatz von der Art *daß me möcht tanze derzue* hört oder spricht, fällt ihm weiter nichts auf, auch an der Wortstellung nicht: diese Wortstellung ist in der Mundart grammatische Norm. Die Aufmerksamkeit richtet sich auf die Mitteilung, nicht auf die Formulierung. Wenn Frisch dagegen 1961 im „Oederland" den Satz schreibt: *Daß man möchte tanzen dazu!*, so setzt er die gleiche Wortstellung als Stilmittel ein, und zwar bewußt — denn in der früheren Fassung von 1951 hieß es noch:[16] *Daß man tanzen möchte!* Die gleiche Wortstellung, die in der Mundart nicht auffällt, weil sie grammatische Norm präsentiert, wird im Hochdeutschen zum bewußt eingesetzten Stilmittel. Und gerade deshalb, weil Max Frisch viel Mundartliches als Stilmittel einsetzt, fiele es ihm schwerer, Mundart zu schreiben: diese Stilmittel gingen ihm dann verloren. Die Mundart ist für ihn grammatischer Rohstoff, der erst in der Umsetzung ins Hochdeutsche stilistisch verwertbar wird. Umsetzvorgang von der Mundart ins Hochdeutsche: wenn es nicht richtiger ist, den Vorgang umgekehrt zu sehen als ein Sich-zurück-Besinnen von der Hochsprache auf die Mundart. Es scheint, daß der Schriftsteller Frisch auf eine Sprache angewiesen ist, zu der er Distanz hat. Das Hochdeutsche ist für ihn sicher keine Fremdsprache, wohl aber eine Sprache, die ver-fremdet. Was in der Mundart unbewußt und rein grammatisch ist, wird durch die Schriftsprache bewußt und stilistisch ver-fremdet.

Für die „Neue Zürcher Zeitung" schreibt Max Frisch 1934, dreiundzwanzigjährig:[17]

„*Mundart.* Es war irgendwo am Mittelmeer. Er traf auf schweizerische Landsleute, und seit soundsovielen Monaten war es das erstemal, daß er wieder sein Schweizerdeutsch mundhabte. Seine deutschen Begleiter waren etwas verletzt, sobald er sich dieser Geheimsprache bediente, und wehrten sich einfach, indem sie feststellten, daß es eine häßliche Sprache wäre. Kurzum: man saß auf dem Dampfer, und als er seinen Landsleuten die Reize dieses Küstenlandes entfalten wollte, schien ihm selber seine Mundart plötzlich ungenügend, sodaß er sich kurz faßte und diese Südlandschaft, die er übrigens in einem kleinen Büchlein umschrieben hatte, mit einem einzigen Fluchwort pries, das er mit ergriffener Stimme seiner Schweigsamkeit abrang, die sich immer mit dem Umschalten auf Mundart einstellte, und im weiteren auf sein hochdeutsch geschriebenes Büchlein verwies.

Es dünkte ihn, als könnte man auf Schweizerdeutsch bloß Alltags-

---

[16] Oederland 1951/1961 16/309.
[17] „Neue Zürcher Zeitung" Nr. 62 vom 12. 1. 1934.

zeug sagen: Wein bestellen oder so. Wenn man aber ans Unendliche streifte, wurde es gleich komisch, und während man auf Hochdeutsch eher den Mund vollnehmen konnte, so merkte man es in der Mundart sogleich, ob etwas dahinter steckte. Da gab es nämlich keine übernehmbare Wendung des Tiefsinns, weil es weniger Dichter gegeben hatte, die so ungeschäftlich gewesen wären und Mundartwerke geschaffen hätten; sondern die Großzahl der Dichter, die uns bestimmen, redeten hochdeutsch und schufen eine Sprache, die für uns dichtet und denkt, sodaß man sich in ihrer Benützung schon ein Dichter dünkt, während man sein Unschöpferisches einsehen müßte vor dem mundartlichen Rohstoff, wo wir nur Dreckklumpen finden. Und noch keine fertigen Töpfe aller Größen, sodaß man bloß aussuchen kann und sein Gefühl hineinträpfeln muß."

Soweit der 23jährige Max Frisch.

Es ist selbstverständlich, daß Frisch mit Deutschschweizern Mundart spricht. Es ist selbstverständlich, daß er hochdeutsch schreibt. Nicht selbstverständlich ist es, wenn die deutschschweizerische Sprachsituation von Anfang an Gegenstand der Reflexion ist. Hängt es damit zusammen, daß Frisch die deutschschweizerische Sprachsituation häufig von außen sieht, von Griechenland aus zum Beispiel? Ein Griechenlanderlebnis gab Anlaß zur Reflexion. Jedenfalls zeigt sich in der Reflexion, wie wichtig für den Schriftsteller Max Frisch die Spannung zwischen Mundart und Schriftsprache ist. Sie ist für ihn mehr als ein zufälliges Nebeneinander von zwei grammatisch verschiedenen Sprachformen. In dieser Spannung vollzieht sich das Umschalten von Alltag auf Literatur.

Auch ein deutscher Schriftsteller schreibt nicht einfach so, wie er im Alltag spricht. Auch er muß von Alltag auf Literatur sprachlich umschalten. Aber das Umschalten braucht bei ihm grammatisch nicht so evident zu sein wie bei einem Schweizer Schriftsteller. Für Max Frisch ist das Umschalten von Alltag auf Literatur mit einer grammatisch deutlichen Differenz verbunden. Er hat die Mundart ausschließlich als Sprache für gesprochenen Alltag; das Hochdeutsche stellt er sich weitgehend als Schrift- und Literatursprache vor. Das Zürichdeutsch ist ihm Grundsprache und das Hochdeutsche Hochsprache.

Grundsprache ist	Hochsprache ist
gesprochen	geschrieben
konkret	abstrakt
gewöhnlich	gehoben
kollektiv	individuell
unbewußt	bewußt
grammatisch	stilistisch

2*

gesprochen / geschrieben

Mundart ist gesprochene Sprache

Das sind Sätze aus „Andorra", Barblin sagt sie:

*Ist's wahr, Hochwürden, was die Leut sagen? Sie sagen: Wenn ein-
mal die Schwarzen kommen, dann wird jeder, der Jud ist, auf der
Stelle geholt. (. . .) Und wenn er eine Braut hat, die wird geschoren,
sagen sie, wie ein räudiger Hund.* Andorra 205

Wenn diese Sätze in der Nähe zu gesprochener Sprache geschrieben
sind: was macht den Effekt des Gesprochenen aus? Mundart ist gesprochene Sprache: wieweit übernimmt Max Frisch Kennzeichen gesprochener Sprache aus der Mundart? Wenn gesprochen: gesprochen im Gegensatz wozu? Mundart hat den Gegensatz Schriftsprache: wie würde die
gleiche Information in schriftlicher Form aussehen?

In schriftlicher Form würde sich Frisch die gleiche Information so
vorstellen: *Ist es wahr, Hochwürden, daß beim Einmarsch der Schwarzen
jeder Andorraner jüdischer Abstammung verhaftet und dessen Braut geschoren wird?*

Max Frisch schreibt *ist's* für *ist es, die Leut* für *die Leute, Jud* für
Jude.

Daß Kurzformen etwas mit dem Unterschied zwischen gesprochener
und geschriebener Sprache zu tun haben, zeigt sich, wenn Frisch einen
seiner Texte vorliest. Geschrieben hat er im Roman „Mein Name sei
Gantenbein" Vollformen: *nehme ich* (415), *gehe ich* (415), *habe ich* (417),
höre ich (418), *höre ich es* (418). Anders, wenn er den gleichen Text
spricht. Max Frisch liest (auf der Schallplatte[1]) Kurzformen: *nehm ich,
geh ich, hab ich, hör ich, hör ich s.* Geschriebene Vollformen können gesprochenen Kurzformen entsprechen. Aber ist das nicht eine intern hochdeutsche Angelegenheit? Zwar ist Mundart gesprochene Sprache. Zwar
bestimmt der Gegensatz zwischen ‚gesprochen' und ‚geschrieben' weitgehend die deutschschweizerische Sprachsituation: Mundart wird gesprochen, geschrieben wird hochdeutsch. Aber der Gegensatz zwischen
gesprochener und geschriebener Sprache gilt auch innerhalb des Hoch-

---

[1] Sprechplatte „Max Frisch liest Prosa", Frankfurt a. M. 1961.

deutschen. Zwar hat Max Frisch die Mundart ausschließlich als gesprochene Sprache — aber er spricht nicht nur zürichdeutsch, sondern auch hochdeutsch. Und die Kurzform *ist's* ist ebenso hochdeutsch wie die Vollform *ist es,* mit dem Unterschied, daß die Kurzform dem gesprochenen Hochdeutsch näher steht.

Übernimmt Max Frisch Kurzformen wie *ist's, die Leut, Jud* aus der Mundart? Hat er bei der Wahl dieser Kurzformen an die Mundart gedacht? Max Frisch sagt: ja, er habe bei diesen Kurzformen ans Schweizerdeutsche gedacht; mehr — und bewußter — als früher habe er in „Andorra" Mundartliches forciert, Kurzformen wie *die Leut, der Jud* sollen Anklang sein an die Mundartformen: *d lüüt, de juud.*

Max Frisch erwartet geradezu, daß das Schweizer Publikum bei diesen Kurzformen ans Schweizerdeutsche denkt. Zum Beispiel bei der Kurzform *Jud.* Sie ist gegenüber der Vollform *Jude* (politisch) weniger belastet. Die Vollform *Jude* assoziiert Frisch sofort ganz speziell mit den Judenverfolgungen im Hitlerdeutschland, da sieht er die Schrift „Kauf nicht beim Juden", „Ich bin Jude" usw. In der Schweiz habe man aber das Gefühl, bei uns sei das ganz anders, bei uns werden keine Juden verfolgt. Und genau da will Max Frisch mit „Andorra" einsetzen: beim sogenannt harmlosen, beim latenten und biederen Antisemitismus. Frisch schreibt *Jud* und nicht *Jude,* damit will er dem Schweizer Publikum sagen: ich meine jetzt nicht Auschwitz, nicht die ungeheure Affäre der Deutschen, sondern euch mit euren so harmlosen Judenwitzen, mit euren Floskeln von der Art „es isch halt en juud". Euer so harmloses und biederes *juud* ist genau das gleiche wie *Jude.*

Aber nicht nur die Kurzformen machen die Frage Barblins an den Pater gesprochen. Wenn Frisch das Gefühl hat, er habe in „Andorra" Mundartliches besonders forciert, so betrifft das vor allem das Syntaktische. Durchaus angestrebt ist die Umständlichkeit in Barblins Formulierung: *wénn die Schwarzen, dánn wird / jéder, dér Jud ist / wénn er eine Braut hat, díe wird.* Eine würgende Umständlichkeit, wie sie sich beim Sprechen einstellen kann, wenn Sachen gesagt werden müssen, die für den Sprecher ungeheuer in den Konsequenzen sind. Ein an sich einfacher Gedanke, aber da er Barblin mit Angst erfüllt, kann sie ihn nur brockenweise hinstellen. Barblin repetiert: *was die Leut sagen / Sie sagen / sagen sie.* Sie muß sich das Unglaubliche auseinanderlegen, ohne daß sie damit Neues sagt. Max Frisch versucht die Umständlichkeit zu imitieren, die er aus der Mundart kennt: *dänn häißt daas also dänn häißt daas daß dëë wo s verwütscht händ also daß dëë dän also dëë wirt den ygspeert.* Zwar ist solche Umständlichkeit nicht etwas speziell Schweizerdeutsches, sie ist ein Kennzeichen gesprochener Sprache ganz allgemein, also auch möglich im gesprochenen Hochdeutsch. Aber Frisch denkt beim Imitieren gesprochener Sprache nicht ans gesprochene Hochdeutsch, sondern ganz speziell an seine schweizerdeutsche Mundart.

Man schreibt nicht so, wie man spricht. In der Schweiz sind gesprochene und geschriebene Sprache verteilt auf zwei grammatisch verschiedene Sprachformen: auf die schweizerdeutsche Mund-Art und die hochdeutsche Schrift-Sprache. Das Schweizerdeutsche gibt dem Schriftsteller Frisch als Mund-Art das Muster für gesprochene Sprache schlechthin.

Mundartnähe nach Gefühl

Nun ist es jedoch nicht so, daß Max Frisch sich die Sätze vorher in der Mundart zurechtlegt und sie dann Wort für Wort ins Hochdeutsche umsetzt. Das ist seines Wissens nie vorgekommen. Er forciert Mundartnähe nicht mechanisch, sondern nach Gefühl. Etwas, was er als mundartlich empfindet, braucht nicht einmal eine Mundartdeckung zu haben.

Frischs Kurzformen *die Leut, der Jud* haben eine Deckung in der Mundart: *d lüüt, de juud.* Auch bei der Kurzform *ist's* hat Frisch an die Mundart gedacht. Er sagt aber in seiner Mundart gar nicht *ischs,* sondern *isch es.* Kurzformen, die Frisch als mundartlich empfindet, brauchen sich nicht mit Kurzformen in Frischs Mundart zu decken. Warum kann Max Frisch eine Kurzform auch dort als mundartlich empfinden, wo sie gar keine Mundartdeckung hat?

Die Zürichdeutsche Grammatik sagt: „Den im Hochdeutschen auf -e ausgehenden zweisilbigen Formen und Wörtern stehen in der Mundart (...) großenteils einsilbige gegenüber. (...) Nur in wenigen Fällen hat die Mundart das längere Wort" (S. 93, Anm. 1). In sehr vielen Fällen entspricht also der schweizerdeutschen Kurzform eine hochdeutsche Vollform. Nun ist aber das auslautende e im Deutschen in sehr vielen Fällen das Zeichen einer grammatischen Kategorie, zum Beispiel der Kategorie Plural. Es heißt hochdeutsch *die Fische,* und das -e in der Form *Fische* drückt gegenüber der e-losen Singularform *(der) Fisch* die Kategorie Plural aus. Wenn das -e — wie im Schweizerdeutschen — ausfällt, so fällt gleichzeitig der formale Unterschied zwischen den beiden Kategorien Singular und Plural aus: im Schweizerdeutschen gilt ohne Unterschied für Singular und Plural die gleiche Form *fisch.* Das ist entscheidend: die schweizerdeutschen Kurzformen sind in sehr vielen Fällen an Kategorien gebunden. Die Kurzform *d fisch* steht nicht isoliert, sondern in einer Reihe mit *d lüüt, d stäi, d wääg* (usw.) gegenüber hochdeutsch *Fische, Leute, Steine, Wege.*

Und von der Kategorie her empfindet Max Frisch die Kurzform *ist's* als mundartlich. Die Kategorie heißt: unbetontes und nachgestelltes Pronomen „es". In der zürichdeutschen Mundart gilt für das unbetonte und nachgestellte Pronomen „es" fast immer die Kurzform *s*: *ich bi s* ‚ich bin es', *wänn s räägnet* ‚wenn es regnet' usw. Fast immer: denn nach Zischlaut gilt im Zürichdeutschen die Vollform *es*: *er isch es* ‚er ist es', *bis es räägnet* ‚bis es regnet'. Doch die vorwiegende Geltung der Kurzform für die Kategorie „es" überspielt im Empfinden von Max Frisch die einzelne abweichende Realisation: auch *ist's* empfindet er als mundartlich.

In sehr vielen Fällen gilt die Formel ‚mundartliche Kurzform = hochdeutsche Vollform'.

Texte von Frisch, die in verschiedenen Fassungen vorliegen, zeigen: die Alternative zwischen Kurzform und Vollform beschäftigt Max Frisch. 300mal bewegen sich Änderungen zwischen Kurzform und Vollform. So ersetzt Frisch 1943 einerseits im Satz *Inzwischen hat sich Hilde aufs Fensterbrett gesetzt* (Reinhart/J'adore 143/55) die Kurzform *aufs* durch die Vollform *auf das*. In Reinhart/J'adore ersetzt er vorwiegend (in 37 von 57 Fällen) Kurzformen durch Vollformen. Änderungen in Richtung Vollform: das bedeutet eine Reduktion des Mundartlichen. Warum aber ersetzt er andererseits im gleichen Text umgekehrt die Vollform *darum* durch die Kurzform *drum* (Reinhart/J'adore 99/37)? Ist die Kurzform *drum* weniger mundartlich als die Kurzform *aufs*? Kaum. Und solche Widersprüche finden sich in jedem Text, der in verschiedenen Fassungen vorliegt: immerhin 41 oder 14 % der 300 Änderungen verhalten sich zur jeweiligen Hauptrichtung der Änderungen gegenläufig. Zeigen die Änderungen mehr als eine allgemeine und im Einzelfall zufällige Vibration zwischen Mundartnähe und Mundartferne? Verweist die Gegenläufigkeit auf eine Regel?

Die Formel ‚mundartliche Kurzform = hochdeutsche Vollform' ist in sehr vielen Fällen an grammatische Kategorien gebunden.

Max Frisch empfindet die Kurzform *ist's* als mundartlich, weil er sie auf die Kategorie „es" bezieht und weil für die Kategorie „es" in der Mundart meist die Kurzform *s* gilt. Frischs Empfinden richtet sich nach der Kategorie, nicht nach dem Einzelfall. Und nun zeigen die Änderungen, daß Max Frisch von Werk zu Werk mehr solche Kategorien festlegt, ja sogar, daß er erst dann, wenn er eine Gruppe von Wörtern als Kategorie erkennt (oder richtiger: empfindet), die Alternative zwischen Kurzform und Vollform auf den Gegensatz von Mundartnähe und Mundartferne bezieht. Solange er Wörter isoliert auf Kurz- oder Vollform hin ändert, verhalten sich die Änderungen widersprüchlich und gegenläufig zur Hauptrichtung der Änderungen.

Auf der Tabelle sieht das so aus:

	Präp.	Dat.	Inf.	es	Imp.	1.3.Sg.	-er,-en-	Adv.	Gen.	dar-
1943	■	■	■	○	○	○	×	×	○	×
1951	○	○	○	■	○	○	×	○	○	○
1955	○	□	○	□	■	○	×	○	○	○
1958	○	□	○	□	○	■	×	○	○	○
1961	□	□	○	□	○	□	■	■	■	○
1962	□	□	○	□	□	□	□	□	□	■

○ keine oder nur eine Änderung
× widersprüchliche, gegenläufige Änderungen
□ gleichläufige Änderungen in einer Kategorie
■ erstmals gleichläufige Änderungen in einer Kategorie

Die Tabelle verzeichnet auf der waagrechten Achse die grammatischen Kategorien (sie werden erläutert auf den nächsten Seiten), auf der senkrechten Achse die Erscheinungsjahre der neuen Fassungen. Das Zeichen ■ zeigt an, in welchem Jahr Frisch zum erstenmal in einer Kategorie konsequent und in der vorwiegenden Änderungsrichtung ändert nach der Formel ‚mundartliche Kurzform = hochsprachliche Vollform‘. Mit dem Zeichen × sind die widersprüchlichen und gegenläufigen Änderungen gemeint. Wo das Zeichen ○ steht, hat Frisch gar nicht oder nur in einem Fall geändert (ein isolierter Fall macht noch keine Kategorie aus). Man sieht: Die Widersprüche (Zeichen ×) kommen nur in einem bestimmten Bereich vor, nämlich im Bereich über der Linie, die die Zeichen ■ beschreiben. Unter der ■-Linie hören die Widersprüche auf: sobald Frisch eine Gruppe von Wörtern als Kategorie erkannt hat, verfährt er beim Ändern immer nach der Formel (Zeichen □).

Eine Alternative in ihrer Entwicklung

Was sind das für Kategorien? In was für Kategorien stellt sich für Max Frisch die Alternative zwischen Kurzform und Vollform als Gegensatz zwischen Mundartnähe und Mundartferne? Die Linie der Zeichen ■ verläuft auf der Tabelle von links oben nach rechts unten, das heißt, im Verlauf der Werke, die in verschiedenen Fassungen vorliegen, richtet Frisch immer mehr Kategorien auf die Formel ‚mundartliche Kurzform = hochdeutsche Vollform‘ aus:

Da ist die Kategorie ‚Präposition + Artikel'. In ihr ändert Frisch 1943 am entschiedensten. 1943 gehen die Änderungen am Erstling von 1934 vorwiegend (in 37 von 57 Fällen) in Richtung Vollform: 23mal löst Frisch die Verschmelzung des bestimmten Artikels mit der Präposition vom Typ *ans Licht* (Reinhart 238) auf in den Typ *an das Licht* (J'adore 78).

1943 reduziert Frisch Mundartliches im Erstling: in der Mundart ist die Verschmelzung des Artikels mit der Präposition sehr oft obligatorisch (vgl. Zürichdeutsche Grammatik § 96). Aber auch im Hochdeutschen kommt die Verschmelzung vor, nach Duden (Grammatik § 1555) hat sie ihren Ursprung im gesprochenen Hochdeutsch. Entscheidend für Max Frisch ist das Obligatorium, das für die Mundart in vielen Fällen gilt. Vom Obligatorium her kann er die Verschmelzung auch dann als mundartlich empfinden, wenn sie im Hochdeutschen ebenfalls möglich ist, sogar dann, wenn die hochdeutsche Verschmelzung nur eine fragliche Mundartdeckung hat: was steht der Mundartform *under em aarm* näher, die Kurzform *unterm Arm* (Reinhart 67) oder die Vollform *unter dem Arm* (J'adore 23)? Frisch projiziert die Formel ‚mundartliche Kurzform = hochdeutsche Vollform' im Spielraum des Hochdeutschen auf den Unterschied zwischen gesprochenem und geschriebenem Hochdeutsch. Die Kurzform *unterm Arm* − Duden weist sie dem gesprochenen Hochdeutsch zu (§ 1580) − empfindet Frisch als Abweichung vom korrekten Hochdeutsch.

Beim Umarbeiten des Erstlings ersetzt Frisch 1943 9mal in der Kategorie Dativ Singular von starken Maskulina und Neutra die Kurzform ohne *-e* durch die Vollform mit *-e*. So heißt es in „Jürg Reinhart" *seinem Arm*, in „J'adore ce qui me brûle" dagegen *seinem Arme* (Reinhart/J'adore 93/35).

In der Mundart sind hier nur die *e*-losen Kurzformen möglich (*sym aarm*) − aber auch im Hochdeutschen setzen sich immer mehr die Kurzformen durch (Duden Grammatik § 1725). Kaiser sind bemerkenswerterweise im Schweizerhochdeutschen gerade die häufigen Vollformen mit bewahrtem Dativ-*e* aufgefallen: er erklärt sie aus dem Bedürfnis, „korrekt" zu schreiben (Kaiser »*Deklinationsendungen, Dativ*«).

Die dritte Kategorie von 1943 betrifft die Kurzformen *gehn, stehn, sehn* im Erstling. Frisch ersetzt sie (je 1mal) durch die Vollformen *gehen, stehen, sehen*.

In der Mundart gelten kontrahierte Kurzformen: *gaa, staa, gsee*. Im Hochdeutschen sind beide Formen möglich, nach Duden (Grammatik § 1165) bevorzugen die Dichtung und die gesprochene Sprache die synkopierten Kurzformen.

1951 kommt eine neue Kategorie hinzu. Frisch macht aus der Tagebuchskizze „Der Graf von Oederland" ein Theaterstück. Die Änderungen gehen vorwiegend (in 6 von 11 Fällen) in Richtung Kurzform. Neu ist die Kategorie „es", 2mal ersetzt Frisch die Vollform *es* durch die Kurzform *s*.

In vielen Fällen gilt in der Mundart für das nachgestellte und unbetonte Pronomen „es" obligatorisch die Kurzform *s*. Im Hochdeutschen sind Kurzform und Vollform möglich. Die Möglichkeit *'s* steht dem gesprochenen Hochdeutsch näher, aber sie ist so selbstverständlich, daß die Duden-Grammatik auf die Alternative zwischen *es* und *'s* gar nicht eingeht.

1955 verändert Frisch — er revidiert seine Farce „Die Chinesische Mauer" — eine neue Kategorie, die Kategorie ‚Imperativ Singular‘. Er ändert vorwiegend (in 20 von 23 Fällen) in Richtung Kurzform: 2mal ersetzt er einen Imperativ mit *-e* durch den Imperativ ohne *-e*, so schreibt er 1947 *Siehe mich an* (132), 1955 dagegen *Sieh mich an* (244).

Im Schweizerdeutschen sind beim Imperativ nur die *e*-losen Kurzformen möglich: *mach*, *bring*, *lueg* (vgl. Zürichdeutsche Grammatik § 196). Nach Duden fällt auch im gesprochenen Hochdeutsch das Endungs-*e* gewöhnlich weg. Frisch ersetzt die Vollform *Siehe* durch die Kurzform *Sieh* — die Vollform ist hochdeutsch nur noch auf dem Papier möglich, nämlich bei Verweisen in Büchern (vgl. Duden Grammatik § 1025).

1958 schreibt Max Frisch das Hörspiel „Herr Biedermann und die Brandstifter" in ein Bühnenstück um. Zu den bisherigen Kategorien kommt die Kategorie ‚1. Singular Indikativ Präsens, 1.(3). Singular Konjunktiv I + II‘. Die Änderungen gehen vorwiegend (in 25 von 28 Fällen) in Richtung Kurzform. 6mal verändert Frisch eine Vollform bei der 1. Singular des Verbs in eine *e*-lose Kurzform, zum Beispiel heißt es 1953 noch *ich fühle mich* (10), *würde ich* (10), wo Frisch 1958 *ich fühl mich* (106), *würd ich* (107) schreibt.

Es ist kein Zufall, wenn Max Frisch beim Verb die Kategorie der 1. (und 3.) Singular erst nach der Kategorie Imperativ auf die Formel ‚mundartliche Kurzform = hochdeutsche Vollform‘ ausrichtet. Während für den Imperativ in der Mundart durchwegs die Kurzform gilt, sind die Verhältnisse bei der 1. und 3. Singular verwickelter: im Zürichdeutschen fällt die Endung in der Regel vor unbetontem Pronomen weg (*ich füül mi, würd er*), sonst gilt meist die Vollform (vgl. Zürichdeutsche Grammatik § 188). Nach Duden kommen die Kurzformen bei der 1. Singular Indikativ Präsens in gesprochener und poetischer Sprache vor

(Duden Grammatik § 1065), bei der 1. 3. Singular Konjunktiv I + II vor allem in poetischer Sprache (§ 1070, 1110).

Auch 1961, wo Frisch eine neue Bühnenfassung von „Graf Oederland" schreibt, gehen die Änderungen vorwiegend (in 59 von 65 Fällen) in Richtung Kurzform. 1961 ändert er in drei neuen Kategorien konsequent. 15mal kürzt er die Mittelsilbe in Adjektiven mit *-er-*, *-en-*: *unserer Hand* wird zu *unsrer Hand* (Oederland 1951/1961 55/343), *mit eigenen Augen* zu *mit eignen Augen* (87/364), *sicherer* zu *sichrer* (100/368) usw.

Max Frisch selbst hat das Gefühl, da sei er sehr inkonsequent und eigentlich liederlich, immer wieder sei er vom Lektor oder von Korrektoren darauf aufmerksam gemacht worden, er möge sich für das eine entscheiden oder für das andere. Immerhin: unreflektiert richtet Frisch seit 1961 — wenigstens dort, wo er an einem schon publizierten Text ändert — auch diese Alternative konsequent auf die Formel ‚mundartliche Kurzform = hochdeutsche Vollform' aus. Dabei ist hier der spezielle Mundarthintergrund gar nicht gegeben, Kurz- und Vollformen gehen bei diesen Wörtern von Wort zu Wort durcheinander. Auch im Hochdeutschen zeichnen sich Regeln fast nur von Fall zu Fall ab (vgl. Duden Grammatik § 2070, 2330, 2670, 2915). Max Frisch projiziert die in vielen Fällen geltende Formel ‚mundartliche Kurzform = hochdeutsche Vollform' ordnend auf einen im Hochdeutschen regellosen Spielraum.

Die zweite Kategorie, in der Frisch 1961 zum erstenmal konsequent ändert: 4mal streicht er beim prädikativen Adjektiv und beim Adverb das *-e*: so ersetzt er im Satz *Es ist so öde hier* die Vollform *öde* durch die Kurzform *öd* (Oederland 1951/1961 34/323), *müde* wird zu *müd* (31/320), *alleine* zu *allein* (29/319).

Fürs prädikative Adjektiv gilt im Zürichdeutschen immer die *e*-lose Kurzform: *ööd, müed, schaad* (Zürichdeutsche Grammatik § 84). Fürs Adverb, das Frisch auch in die generelle Formel einbezieht, gilt in der Mundart keine pauschale Regel, zum Beispiel steht im Zürichdeutschen neben der Kurzform *eläi* die Vollform *eläige*. Im Hochdeutschen gibt es beim prädikativ gebrauchten Adjektiv und beim Adverb in vielen Fällen Schwankungen (vgl. Duden Grammatik § 2515, 3245).

Die dritte Kategorie, in der die Änderungen 1961 zum erstenmal konsequent gerichtet sind, betrifft den Genitiv Singular von starken Maskulina und Neutra. Frisch ersetzt die Vollform *Vaterlandes* durch die Kurzform *Vaterlands* (Oederland 1951/1961 76/359), die Vollform *eines Staatsanwaltes* durch die Kurzform *Staatsanwalts* (121/388).

Zwar kommt der Genitiv im Schweizerdeutschen nur noch in Resten vor (vgl. Zürichdeutsche Grammatik § 101, 104, 226–228). Aber die Gleichung zürichdeutsch *e schööns huus*: hochdeutsch *ein schönes Haus* zeigt, daß die Genitivendung ohne -*e*- strukturell der Mundart näher steht. Max Frisch überträgt die Gleichung ‚mundartliches -*s* = hochdeutsches -*es*‘ auf die Alternative beim Genitiv, die im Hochdeutschen von vielerlei Gründen abhängt (Duden Grammatik § 1720). Übrigens ist es Kaiser aufgefallen, daß schweizerhochdeutsch wie im Dativ auch im Genitiv Singular die Vollformen mit -*e*- relativ häufig sind (Kaiser *»Deklinationsendungen, Genitiv«*).

1962 revidiert Max Frisch die Komödie „Don Juan oder Die Liebe zur Geometrie". Er forciert jetzt noch entschiedener Mundartnähe. 106mal ersetzt er eine Vollform durch eine Kurzform. Neu ist, daß er 7mal kategorisch Adverbien mit der Vorsilbe *dar*- kürzt. So schreibt er *drum* für *darum* (Don Juan 1953/1962 59/40), *dran* für *daran* (95/63), *drin* für *darin* (129/84).

Die Mundart hat meistens Kurzformen: *drum, draa, drin* usw. (vgl. Zürichdeutsche Grammatik § 82). Nach Duden kommen die Kurzformen vor allem im gesprochenen Hochdeutsch vor, die Schriftsprache bevorzugt die Vollformen (Duden Grammatik § 3240).

Man sagt „schrifttüütsch" auch fürs gesprochene Hochdeutsch

Das waren die Kategorien, in denen Max Frisch konsequent ändert nach der Formel ‚mundartliche Kurzform = hochdeutsche Vollform‘.

Kurzformen haben etwas mit gesprochener Sprache zu tun. Mundart ist gesprochene Sprache. Wenn Max Frisch ein Theaterstück schreibt, soll geschriebene Sprache zu gesprochener Sprache werden. Wo er ein Theaterstück revidiert, ersetzt er viele Vollformen durch Kurzformen. Frisch schreibt Kurzformen, um gesprochene Sprache wiederzugeben. In den letzten Jahren habe er Mundartliches eher forciert — die Änderungen in Richtung Kurzform machen zahlenmäßig den wichtigsten Änderungstyp aus.

Aber alle diese Kategorien bewegen sich innerhalb des hochdeutschen Spielraums. Die Kurzformen mögen mundartnah sein — ausschließlich schweizerisch sind sie nicht. Wenn etwas schweizerisch ist, so sind es im Gegenteil (beim Genetiv und Dativ Singular) die überkompensierenden Vollformen. Das heißt, der schweizerischen Vorstellung vom Hochdeutschen entsprechen eher die mundartfernen Vollformen. Der Schweizer sagt „schrifttüütsch" und „schriftspraach" und meint damit das Hochdeutsche auch dann, wenn es gesprochen wird. Die Imperativform *Siehe!*, hochdeutsch nur noch auf dem Papier möglich, kann sich mit der Vorstellung Schriftsprache decken, und eine Kurzform *ist's*, die dem gesprochenen Hochdeutsch näher steht, kann von dieser Vorstellung abweichen. Die 300 Änderungen Frischs, die sich zwischen Kurz- und Vollform bewegen, markieren die Alternative zwischen vermeintlich korrektem Schriftdeutsch und mundartverdächtiger Annäherung ans gesprochene Hochdeutsch. Vollformen sind Norm, Kurzformen sind Abweichungen.

Vermeintliche Abweichungen. Undenkbar bei Max Frisch wäre zum Beispiel die Kurzform *ein schöns Haus*. Wo er eine Vollform durch die Kurzform ersetzt, geht er kaum je über den Spielraum des Hochdeutschen hinaus. Aber erst die Absicht, Mundartliches zu forcieren, löst Max Frisch von der Schriftsprache weg zu einem Hochdeutsch, wo kein Papier raschelt. Im Umweg über das „schrifttüütsch" sieht Max Frisch heute das Handicap des Schweizer Schriftstellers. Wenn Frisch beim Umarbeiten seiner Theaterstücke die Kurzformen häuft und damit den Bühnendialog der gesprochenen Sprache näherrückt, bedarf er des Muts zur Abweichung. Den Umweg über das „schrifttüütsch" hält er fast für obligatorisch. Man könnte also erwarten, daß Frisch im Erstling noch eine sehr schriftliche Sprache schreibt und erst über diesen Umweg zu einer mundartlich getönten Sprache kommt.

Nun gehen aber die Änderungen beim Überarbeiten des Erstlings gerade umgekehrt in Richtung Vollform, das heißt in Richtung Schriftdeutsch. Die besondere Werkgeschichte löst den Widerspruch auf. Frisch sagt, von sich aus hätte er lieber nicht Auszüge aus dem Erstling in seinen zweiten Roman übernommen, es sei der Wunsch des Verlegers gewesen, der die Vorgeschichte der Hauptfigur Jürg Reinhart vermißt habe. Die neuen Teile von „J'adore ce qui me brûle" seien schon fertig gewesen, dann habe er eben noch rasch und eher ungern Auszüge aus dem Erstling bearbeiten müssen. Max Frisch behalf sich so, daß er zwar die Vorgeschichte lieferte, sie aber in eine möglichst unverfängliche und „korrekte" Sprache umsetzte. Korrektheitsrausch, kommentiert Max Frisch heute. Korrektheitsrausch meldet sich bei einer Pflichtaufgabe: schlechtes Gewissen macht die Abweichungen vom Schriftdeutschen rückgängig, Frisch geht es nicht um Stil, sondern um dessen Reduktion auf das unverfängliche Maß des Korrekten. Zwar sind im Erstling Kurzformen und Nähe zu gesprochener Sprache vorhanden, aber schon damals hat sie Frisch als Abweichung von der Norm empfunden, als stilistischen Ausdruck etwa für eine demonstrierte Jugendlichkeit, die er 1943 nicht mehr goutiert.

Grund für die Formel ‚mundartliche Kurzform = hochdeutsche Vollform', die auch durchaus hochdeutsche Kurzformen mundartverdäch-

tig macht, ist die oberdeutsche Apokope. In den oberdeutschen Mundarten ist das unbetonte und auslautende -e geschwunden. Der Wegfall
des -e gilt also nicht nur für das Schweizerdeutsche, sondern für alle
anderen oberdeutschen Mundarten, zum Beispiel auch für die Mundart
von Augsburg. Auch Bertolt Brecht, in Augsburg geboren, schreibt in
seinen Theaterstücken Kurzformen, *frag ich* für *frage ich*, *Käs* für *Käse*,
die Leut für *die Leute*, *Gäul* für *Gäule* (Mutter Courage[2] 64) usw. Max
Frisch schreibt in „Andorra" *die Leut* für *die Leute*, *Jud* für *Jude*, *die
Schuh* für *die Schuhe*. Hat er bei diesen Kurzformen, die über den Spielraum des Hochdeutschen hinausgehen, nicht nur ans Schweizerdeutsche
gedacht, sondern auch an Brecht?

Da sei sicher eine Beeinflussung, meint Max Frisch, und er verweist
auf „Mutter Courage und ihre Kinder", wo Brecht sein Augsburgerisch
als Sprache des Dreißigjährigen Kriegs ausgebe, und auf „Herr Puntila
und sein Knecht Matti": Brecht habe in diesem Stück für die Finnen
geradezu eine eigene deutsche Ortssprache erfunden, so reden eben die
Finnen, denke man als Zuschauer, und nie habe man das Gefühl, das
Deutsche sei für die Finnen eine Fremdsprache.

Nur betont das Wort Einfluß zu sehr die Leistung des Senders, zu
wenig die Leistung des Empfängers. Nähe zu gesprochener Sprache setzt
Frisch schon im Erstling als Stilmittel ein. Brechts Einfluß wirkt sich aus,
wo Frisch empfänglich ist, Brecht beschleunigt die bei Frisch schon im
Erstling angelegte Tendenz zu gesprochener Sprache.

Die ersten Sätze von „Andorra"

Für den Ort Andorra habe er eine eigene Sprache finden müssen,
sagt Max Frisch; der Zuschauer sollte das Gefühl haben: so sprechen die
Leute in Andorra, sie sprechen nicht wie aus einem Buch, sondern wie
Einheimische. Und um eine gesprochen und nicht schriftlich wirkende
Sprache zu erreichen, habe er bewußter als früher — allerdings ohne Studium — seine mundartliche Redeweise nachgeahmt. Wie Brecht für Finn-
land erfindet Frisch für Andorra eine Art nicht existierende Umgangssprache. Sie ist zwar hochdeutsch, soll aber doch so sein, wie sich Frisch
erinnert,[3] daß die Leute bei uns reden.

Eine künstliche Umgangssprache: denn es ist ein Unterschied, ob
man spricht oder ob ein Schriftsteller gesprochene Sprache zu imitieren
versucht. Sorgfältig kalkuliert sind die ersten Sätze von „Andorra"
(Barblin spricht zum Soldaten):

---

[2] Bertolt Brecht, Stücke Band VII, 61—211, Frankfurt a. M. 1957.
[3] Den Ausdruck „erinnern" gebraucht Max Frisch in diesem Zusammenhang
selbst, vgl. dazu S. 112.

*Wenn du nicht die ganze Zeit auf meine Waden gaffst, dann kannst
du ja sehn, was ich mache. Ich weißle. Weil morgen Sanktgeorgstag
ist, falls du das vergessen hast. Ich weißle das Haus meines Vaters.*

Andorra 201

Also in der Mundart würde er da mit dem Konjunktiv operieren,[4]
meint Max Frisch. Doch sobald er hier im Hochdeutschen den Konjunktiv
nehme, verliere er gerade das, was er anstrebe, nämlich das Lapidare und
Einfache. Der Konjunktiv — *Wenn du nicht gaffen würdest, dann könn-
test du ja sehn* — mache Barblin sofort zur ziemlich belesenen Dame, und
da Barblin alles andere als intellektuell sei, verzichtet Frisch auf den
Konjunktiv.

Zweierlei ist aufschlußreich. Erstens: Unter Umständen kann die
Abweichung von der Vorstellung Schriftsprache wichtiger sein als
Mundartnähe. Den mundartfernen Indikativ findet Frisch viel
sprechbarer, weil der (mundartnahe) Konjunktiv im Hochdeutschen
immer mehr vernachlässigt werde und sich deshalb schnell hoch-
gestochen und schriftlich ausnehme. — Und zweitens: Frisch kommt
leichter zu einer gesprochen wirkenden Sprache, wenn er Figuren
von einer gewissen Naivität hat. Andorra ist ein bäurischer Ort,
ein bißchen hinterwäldlerisch, keine Großstadt. Der Slang einer
Großstadt sei etwas, was er gar nicht schreiben könne, da fehle ihm
einfach das Register. Figuren dagegen von der Naivität Barblins,
Figuren wie den Tischler könne er viel leichter mit einer Sprache
ausstaffieren, die gesprochen wirkt.

Könnte man die Wörter *dann* und *ja* (*dann kannst du ja sehn*) nicht
weglassen? Der Satz wäre auch ohne sie vollständig: *Wenn du nicht die
ganze Zeit auf meine Waden gaffst, kannst du sehn, was ich mache.*
Max Frisch möchte sie nicht weglassen, weil er findet, ohne sie wäre es
ein Satz, der nichts von der Stimmungslage der Sprechenden anzeigt. Erst
diese Wörter machen den Satz sprechbar. Sowohl das *dann* wie das *ja*
brächten etwas Aufbegehrendes, Nervös-Zuckendes zum Ausdruck.

Frisch schreibt *sehn* für *sehen*. In einem „eigenen" Text, also in der
Regieanweisung oder in einem Vorwort, würde er nicht *sehn* schreiben,
sondern *sehen*. Die Kurzform *sehn* gehe schon in die Richtung einer nicht
existierenden Umgangssprache. Dazu habe sie mehr von der Ungeduld
der Sprecherin, sie sei brüsker als die normale Form *sehen*.

---

[4] Max Frischs Äußerungen im Gespräch geben wir nur ausnahmsweise in
ihrer originalen Mundartform wieder. Wir setzen sie in Hochdeutsch um,
nicht aber in ein schriftlich-gehobenes, „druckfertiges" Deutsch, sondern
wir belassen ihnen etwas von der Unbefangenheit und Spontaneität der
Gesprächssituation.

Sicher ist es nicht so, daß die Kurzform *sehn* in jedem Fall brüsk wirkt. Der Wert ergibt sich erst aus dem Kontext. Max Frisch schreibt der Kurzform einen besonderen Wert zu, weil er sie als Abweichung von der Schriftsprachnorm empfindet.

Was hält Max Frisch für mundartlicher: *falls du das vergessen hast* oder *falls du es vergessen hast*? Ohne Zögern meint er: *falls du das vergessen hast*.

Tatsächlich hat die Mundart einen Zug zum stärkeren Demonstrativpronomen, wo in der Schriftsprache eher das Personalpronomen steht (vgl. Zürichdeutsche Grammatik § 254). Aber auch im gesprochenen Hochdeutsch scheint diese Tendenz zu bestehen: v. Polenz ist in spontanen Redetexten, wie sie die stenografischen Bundestagsberichte präsentieren, die gleiche Vorliebe für das einfache Demonstrativ *das* anstelle von traditionell-schriftsprachlichem *es* oder *dies* aufgefallen, z. B.: *Wir sind zu einer Initiative bereit, wenn das im Interesse der deutschen Bundesregierung liegt* (Polenz[5] S. 10).

Barblin sagt: *Ich weißle. Weil morgen Sanktgeorgstag ist.* Warum setzt Frisch vor dem *Weil* einen Punkt? Der Punkt zeige der Schauspielerin, daß sie hier eine Pause machen müsse. Der Satz sei sozusagen über die Kante gebrochen. Barblin nimmt sich vor, mit dem Soldaten nicht zu sprechen. Aber schließlich platzt sie doch. Sie sagt etwas und will gleich abbrechen. *Ich weißle*: mehr will sie gar nicht sagen. Und nun merkt sie (in der Pause), daß das Gesagte etwas nach sich zieht. Gegen ihren Willen stößt es ihr auf, es sei so wie „hitzgi" (Schluckauf), sagt Frisch. In Einzellieferungen, in Ratenzahlungen trage sie nach: *Weil morgen Sanktgeorgstag ist* / Pause / *falls du das vergessen hast* / Pause / *Ich weißle das Haus meines Vaters*.

Max Frisch ist froh, daß Barblin nicht schnell sprechen muß. Denn mit diesen ersten Sätzen muß er dem Zuschauer die ersten Mitteilungen geben. Barblin sagt: *Ich weißle*. Gut, das sieht der Zuschauer. *Weil morgen Sanktgeorgstag ist*. Was das ist, weiß der Zuschauer jetzt noch nicht. *falls du das vergessen hast*. Aha, die Leute in Andorra wissen es offenbar alle, für sie ist Sanktgeorgstag ein Begriff. — So wird der Zuschauer Schritt für Schritt eingeführt.

Barblin sagt zunächst bloß: *Ich weißle*. Was weißelt sie? Das Objekt trägt sie erst später nach: *Ich weißle das Haus meines Vaters*. Auch da zerlegt Frisch eine Mitteilung in ihre einzelnen Schritte. Einerseits illu-

---

[5] Peter v. Polenz, Zur Quellenwahl für Dokumentation und Erforschung der deutschen Sprache der Gegenwart, Wirkendes Wort 16 (1966, S. 3—13, bzw. in: Satz und Wort im heutigen Deutsch (Sprache der Gegenwart Bd. 1), Düsseldorf 1967, S. 363—378.

striert er damit die psychologische Situation Barblins, andererseits haben diese Sätze die Aufgabe der Exposition: Max Frisch will dem Zuschauer möglichst klar und einfach einige Sachen mitteilen. Barblin spricht nicht nur zum Soldaten, sondern auch für die Zuschauer.

In dieser Weise funktionalisiert Max Frisch Stilmittel gesprochener Sprache: Stilmittel gesprochener Sprache ergeben sich aus der Gesprächssituation (Barblin will nicht sprechen), charakterisieren die Sprecherin (Barblin ist keine Intellektuelle), erleichtern dem Zuschauer das Verständnis.

Max Frisch spricht vom schweizerisch gefärbten Dialog in „Andorra". Schweizerisch in diesen Sätzen ist nur das Wort *weißeln* für binnendeutsch *weißen* oder *tünchen* (Kaiser *»weisseln«*). Aber gerade *weißeln* wählt Frisch nicht aus Gründen der besseren Sprechbarkeit. Helvetismen sind in „Andorra" selten, häufig sind Stilmittel gesprochener Sprache. Die Nähe zur gesprochenen Sprache ist es, die in der Sicht von Max Frisch den Dialog in „Andorra" schweizerisch macht.

Die Senora spricht schriftdeutsch

In Andorra sagt man *der Jud* und *die Schuh.* Aber die Senora sagt nicht *Jud,* sondern *Jude.* Und der Doktor sagt nicht *die Schuh,* sondern *die Schuhe.* – Das sei Absicht, meint Frisch: es sind die Beleseneren.

Andorra ist ein bäurischer Ort. Den Doktor und die Senora stellt sich Frisch als die Beleseneren vor. Für das Kostüm schreibt er vor: „Die Andorraner tragen heutige Konfektion, es genügt, daß ihre Hüte eigentümlich sind, und sie tragen fast immer Hüte. Eine Ausnahme macht der Doktor, sein Hut ist Weltmode. (. . .) Alle tragen weiße Hemden, niemand eine Krawatte, ausgenommen wieder der Doktor. Die Senora, als einzige, erscheint elegant, aber nicht aufgedonnert" (Andorra 346).

Die Figuren, die sich Frisch belesener vorstellt, tragen ein besonderes Kostüm. Daß der Doktor belesen ist, mag vom Berufsstand her einleuchten — aber von der Senora wird im ganzen Stück nirgends expliziert, daß sie besonders viel liest oder einen besonderen Bildungsstand hat. Und warum zählen der Lehrer und der Pater nicht auch zu den Beleseneren?

Die Senora ist nicht Andorranerin, sie kommt von drüben. Max Frisch lehnt zwar die Identifizierung des Schauplatzes Andorra mit dem Schauplatz Schweiz ab, aber die Schweiz ist mitgemeint, das mögliche Verhalten der Schweiz im Zweiten Weltkrieg, wenn sie von den Deutschen besetzt worden wäre, ist für Max Frisch das Muster, das er in ein allgemeingültiges Modell verwandelt. Andorra wird von den Schwarzen besetzt. Die Senora ist eine Schwarze. Nur dann, wenn man das Modell

Andorra zurücknimmt auf das konkrete Muster der Schweiz, wird die andere Sprache der Senora plausibel.

Dann sprechen die Andorraner schweizerdeutsch, die Senora aber, als Deutsche, hochdeutsch. Und der Doktor, der sich etwas darauf einbildet, in der Welt herumgekommen zu sein, zeigt als einziger Andorraner, daß er weiß, wann man als gebildeter Schweizer hochdeutsch zu sprechen hat: im Gespräch mit Deutschen und in einer öffentlichen Rechtfertigung. Er meidet Kurzformen an der Zeugenschranke (289) und dort, wo er sich während der Judenschau mit der herausstechenden Schriftsprachform *die Schuhe* reklamierend weniger an die Andorraner als an die stumme Instanz der Schwarzen (der Deutschen) wendet (301 bis 302). Sonst spricht auch er wie ein Andorraner.

Unbewußt bildet Max Frisch im Modell die deutschschweizerische Sprachsituation nach.

Die Andorraner sagen *Jud*, die Senora sagt *Jude* (265). Die Senora sagt *hierzulande* (260), der andorranische Wirt *hierzuland* (262). Die Senora sagt *feige* (265), Andri dagegen *feig* (262). Die Senora sagt *darum* (267), der Lehrer von Andorra *drum* (269). Die Senora sagt *ist es* (268), Barblin sagt *ist's*, der Doktor sagt beides: *ist's*, wo er schweizerdeutsch, *ist es*, wo er hochdeutsch sprechen würde. Und so weiter.

Was die Änderungen, die Frisch an seinen Theaterstücken vornimmt, im zeitlichen Nacheinander als Annäherung an die gesprochene Sprache zeigen, findet sich in „Andorra" nebeneinander. Nebeneinander stehen der gesprochene und der schriftliche Ausdruck, zwei Stilmöglichkeiten schon innerhalb des Hochdeutschen. Auf der Bühne will Frisch Figuren zeigen, die nicht wie aus einem Buch sprechen. Nähe zu gesprochener Sprache fällt ihm leichter bei Figuren von einer gewissen Naivität. Den Doktor und die Senora, die in der Schweiz, dem realen Muster, hochdeutsch sprechen würden, stellt er sich im Modell als die Beleseneren vor, weil er sich das Hochdeutsche als Schriftsprache vorstellt. Max Frisch spricht vom schweizerisch gefärbten Dialog in „Andorra". Als schweizerisch empfindet er offenbar die Nähe zur gesprochenen Sprache. Nicht schweizerisch gefärbt wäre in der Sicht Frischs die Sprache der Senora. Die Senora spricht „schrifttüütsch".

Barblin sagt ungehalten zum Soldaten, der sie begafft: *Wenn du nicht die ganze Zeit auf meine Waden gaffst, dann kannst du ja sehn, was ich mache* (201). Das Wort *ja* drückt ihren Unwillen deutlich aus. Auch die Senora wird vom Soldaten angegafft, auch sie ist darüber ungehalten. In dieser genau gleichen Gesprächssituation sagt sie (260): *Gibt es in Andorra keine Frauen?* Ein vollständiger Satz, aber er drückt nichts aus von dem Unwillen der Sprecherin, bleibt auch stilistisch anonym. Das Wort *denn* (Gibt es *denn* keine Frauen in Andorra) würde den Satz viel sprechbarer machen. Aber die Senora spricht eben schriftdeutsch.

In der Vorstellung Frischs ist Hochdeutsch schriftliche Sprache schlechthin, Schweizerdeutsch gesprochene Sprache schlechthin. Und weil Frisch den Indikativ in manchen Fällen sprechbarer findet als den an sich mundartnahen Konjunktiv, läßt er die Andorraner, die in schweizerischer Musterrealität schweizerdeutsch sprechen würden, zum Indikativ tendieren, wo die Senora den Konjunktiv setzt. Max Frisch projiziert den Unterschied zwischen Schweizerdeutsch und Hochdeutsch im Modell auf den Unterschied zwischen dem, was nach seinem Gefühl gesprochen wirkt, und dem, was er als schriftlich empfindet:

> Die Andorraner sagen: *Wieso meinen Sie, Andorra kann* (statt: *könne) nicht überfallen werden* (258) / *Ich dachte, man hört* (nicht: *höre) mir zu* (258) / *Ob's in Andorra keine Weiber gibt, fragt sie* (260) / *Wenn du meinst, ich will deinetwegen in Arrest* (261) / *Immer sagen sie, ich bin feig* (262). Usw. Die Senora dagegen gebraucht den in Frischs Augen schriftlichen Konjunktiv: *Er sagte, er wolle nach Hause* (266) / *Um Andorra zu loben, erzählte er überall die rührende Geschichte von einem andorranischen Lehrer, der damals (...) ein Judenkind gerettet habe, das er hege und pflege wie einen eignen Sohn* (265).

Ausklammerung, ein stilistischer Grundzug

In der Spannung zwischen Mund-Art und Schrift-Sprache ist der allgemeine Gegensatz zwischen ‚gesprochen' und ‚geschrieben' mitgesetzt. Und diesen Gegensatz erfährt Max Frisch sicher am elementarsten, wenn er ein Theaterstück schreibt, wo geschriebene Sprache zu gesprochener Sprache werden soll.

Aber auch Frischs Prosa steht in vielen Zügen der gesprochenen Sprache nah. „ich spriche äigetlich zimlich starch au wän ich schrybe", sagt Max Frisch. Auch im Roman imitiert er gesprochene Sprache, indem er Gedanken in ihre einzelnen Schritte zerlegt, nachträglich Ergänzungen einfügt, den Satzfaden neu aufnimmt, ausklammert, schon Gesagtes wiederholt oder variiert usw.[6]

---

[6] Vgl. Christel Leska, Vergleichende Untersuchungen zur Syntax gesprochener und geschriebener deutscher Gegenwartssprache, PBB Ost 87 (1965), S. 427—464: „In der gespr. Spr. häufen sich Ausklammerungen, Nachträge,

Die lockere und assoziative Syntax gesprochener Sprache zeigt sich etwa in diesem Satz aus dem Roman „Mein Name sein Gantenbein":

Langsam gefaßt darauf, daß er jetzt nicht mehr an die Reihe kommt, die städtischen Ämter schließen ein Viertel vor zwölf, soviel er weiß, zwecks Entlastung des Stoßverkehrs, also gefaßt darauf, daß er auf zwei Uhr nachmittags bestellt wird, stopft er sich eine Pfeife, nicht anders als je, eine Verrichtung, die man, ohne hinzublicken, den Fingern überlassen kann, blindlings ... Gantenbein 65

Langsam gefaßt darauf, daß er jetzt nicht mehr an die Reihe kommt / das Wort *darauf* bestimmt das Wort *gefaßt* näher (gefaßt worauf? darauf, daß), Frisch schreibt nicht *Langsam darauf gefaßt*, sondern klammert *darauf* aus, setzt damit das bestimmende Glied hinter das bestimmte Glied und unmittelbar vor seinen Bezug, den *daß*-Satz / *die städtischen Ämter schließen ein Viertel vor zwölf /* das Vorherige wird damit begründet, aber nichts drückt die kausale Beziehung aus, etwa ein *weil* oder *denn* (*daß er nicht mehr an die Reihe komm*t, *weil*), der Grund wird lose nachgeliefert / *soviel er weiß /* vorsichtige Einschränkung: er hat vielleicht einmal irgendwo gelesen, daß die städtischen Ämter ein Viertel vor zwölf schließen, aber beschwören könnte er es nicht / *zwecks Entlastung des Stoßverkehrs /* die Unsicherheit wird beschwichtigt, jetzt erinnert er sich sozusagen an die Zeitungsnotiz und zitiert sie in ihrer amtlichen Formulierung / *also gefaßt darauf /* die ergänzenden und modifizierten Nachträge sind nun so umfangreich geworden, daß der Satzfaden zu entgleiten droht, der Erzähler merkt es (*also* was wollte ich eigentlich sagen?) und setzt neu an / *daß er auf zwei Uhr nachmittags bestellt wird /* er setzt neu an und variiert gleichzeitig, indem er eine vorher latende konditionale Beziehung ausführt: *wenn* er jetzt nicht mehr an die Reihe kommt, *dann* wird er auf zwei Uhr nachmittags bestellt / *stopft er sich eine Pfeife, nicht anders als je /* auch da klammert Frisch aus, er bestimmt nachträglich die offene Adverbstelle (wie stopft er seine Pfeife?): nicht anders als vorher, da er noch nicht den Blinden spielte / *eine Verrichtung, die man, ohne hinzublicken, den Fingern überlassen kann /* syntaktisch ist das ganz lose angefügt, man müßte, um die Beziehung formal auszudrücken, zum Kausalsatz ergänzen: obwohl Gantenbein jetzt den Blinden spielt, stopft er sich die Pfeife wie früher, *weil dies eine Verrichtung ist,* die auch ein Blinder ausführen kann / *blindlings /* auch das eine Ausklammerung, sie akzentuiert eine leise Pointe, denn *blindlings* darf hier wörtlich genommen werden.

Prolepsen, Paranthesen, Interjektionen und feststehende Wendungen als Eröffnungsformen, Aposiopesen, Anakoluthe" (S. 455).

Max Frisch selber findet für seinen Stil diese Technik des Auseinanderfaltens typisch. Ein individueller Stil realisiert sich im Abstand zur Norm. Subjektive Norm für Frisch ist die traditionelle Schriftsprache. Die Syntax der traditionellen deutschen Schriftsprache verhält sich genau komplementär zur Stiltendenz Frischs, ihr Grundprinzip ist es gerade, die Satzteile ineinander zu verfügen. Traditionell-schriftsprachlich würde man konstruieren: *weil die städtischen Ämter, soviel er weiß, zwecks Entlastung des Stoßverkehrs ein Viertel vor zwölf schließen.* In dieser Konstruktion bilden die Satzteile, die näher bestimmt werden (*weil die städtischen Ämter / ein Viertel vor zwölf schließen*), eine Klammer um die bestimmenden Satzteile (*soviel er weiß / zwecks Entlastung des Stoßverkehrs*). Der ganze Satz steht unter dem einen Bogen: er kann erst vom Ende her verstanden werden, ohne seinen letzten Teil ist er unvollständig. Im Stellungstyp dagegen, den Frisch bevorzugt, kann der letzte Teil weggelassen werden, ohne daß der Satz unvollständig wird. Und da man im spontanen Gespräch meist assoziativ formuliert, steht Frischs Stellungstyp der gesprochenen Sprache näher. Die Ausklammerungen machen die Sprache Max Frischs gesprochen.

Aber hat Frischs Neigung zur Ausklammerung überhaupt etwas mit der Mundart zu tun?

Zwar besteht in der Mundart eine starke Neigung zur Ausklammerung. In der Mundart treten oft die Bestimmungen, die traditionell-schriftsprachlich zwischen Einleitungswort und Verb (*als er an diesem Haus vorbeikam*) oder zwischen zwei Verbteilen (er *ist* an diesem Haus *vorbeigekommen*) stehen, hinters Verb oder den zweiten Verbteil: *won er verby choo isch a dëm huus, er isch verby choo a dëm huus* (vgl. Zürichdeutsche Grammatik § 356). Aber nicht nur, daß die Ausklammerung genauso im gesprochenen Hochdeutsch häufig ist — auch im geschriebenen Gegenwartsdeutsch läßt sich eine stete Zunahme an Ausklammerungen beobachten. „Einige neuere Schriftsteller gebrauchen dieses Stilmittel häufig", schreibt Duden (Grammatik § 7055). „Die Ausklammerungen haben sich in der heutigen deutschen Prosadichtung schon so gehäuft, daß sie nicht mehr als Ausnahmen angesehen werden dürfen": dies ist das Ergebnis einer Spezialuntersuchung (Grubačić[7] S. 77).

Also liegt Frischs Neigung zur Ausklammerung einfach in der allgemeinen Tendenz des Gegenwartsdeutsch?

---

[7] Emilija Grubačić, Untersuchungen zur Frage der Wortstellung in der deutschen Prosadichtung der letzten Jahrzehnte, Zagreb 1965 (= Zagreber germanistische Studien Heft 2).

Heute sei zu beobachten, daß die Ausklammerung „auch in Sätze eindringt, wo sie nach dem bisherigen Gebrauch nicht üblich war", sagt Duden (Hauptschwierigkeiten S. 90) und gibt dazu als offenbar repräsentativen Beleg ein Frisch-Zitat: *Ich bin nicht geboren für ein solches Leben* (Cruz 54). Er bemerke selbst, sagt Max Frisch, daß er wie in diesem Satz oft das Verb nicht an den Satzschluß stelle, einfach aus dem Bedürfnis, die Satzgruppen quasi im graphischen Arrangement klar zu stellen. — Duden fährt dann fort: „Eine der Quellen für diese Satzbauweise ist ohne Zweifel die Umgangssprache, die die bequeme Vorwegnahme des Prädikats in großem Stil handhabt, ohne sich an die Regeln der Hochsprache zu halten" (Hauptschwierigkeiten S. 90), und auch da gibt er ein Frisch-Zitat: *Sowie er merkte, daß man bei mir nicht landet mit Malerei und Theater und Derartigem,*[8] *redete er kaufmännisch* (Faber 115). Max Frisch findet, der Satz verlöre seinen Pfiff, wenn er schreiben würde *daß er bei mir mit Malerei und Theater und Derartigem nicht landet,* die abwehrende Schnoddrigkeit der Aufzählung könne sich erst auswirken, wenn die Verbalaussage (*nicht landet*) schon gesetzt sei, dann wäre auch eine noch viel längere Aufzählung denkbar: *daß er bei mir nicht landet mit Malerei, Theater, Mystik und weiß Gott was und mit sowieso und überhaupt mit derartigem,* zu all dem hätte er, wenn das Verb schon gesetzt ist, gewissermaßen Zeit genug, wogegen mit der Endstellung des Verbs ihm allenfalls der Satz möglich schiene *sowie er merkte, daß er bei mir mit Philosophie nicht landet, redete er von Pingpong.*

Frisch-Zitate dokumentieren eine Entwicklung im Gegenwartsdeutsch.

Die Duden-Grammatik von 1959 behauptet noch, schriftsprachlich seien die klammerlosen Sätze im Vergleich zu den Klammersätzen ziemlich selten (§ 1218). Die Duden-Grammatik von 1966 behauptet das nicht mehr, bringt dafür neu fünf Frisch-Zitate, die die Ausklammerung auch in der geschriebenen Sprache belegen (§ 7050, 7055). Einig sind sich die beiden Auflagen darin, daß sich satzwertige Infinitive sehr häufig der verbalen Klammer entziehen: üblicherweise schreibt man *danach fing sie an, bitterlich zu weinen* und nicht *danach fing sie bitterlich zu weinen an* (Grammatik 1959/1966 1217/7045). Wenn die Ausklammerung bei Max Frisch eine intern hochdeutsche Angelegenheit ist, müßte man erwarten, daß Frisch in diesem Fall am konsequentesten ausklammert. Aber gerade da tendiert er zur Klammerstellung. Er schreibt: *ein Oberkellner im*

---

[8] Duden zitiert nach einer späteren „Faber"-Ausgabe *mit derartigem* (statt *mit Derartigem*). Alle Frisch-Zitate, die Duden bringt, wurden von uns umpaginiert auf die Ausgaben, die unsere Literaturliste (S. 138) aufführt.

Frack, der auf frischen Hummer hinzuweisen die Nettigkeit hatte (Stiller
393) / *wo ich sie im Laufschritt zu tragen versuchte* (Faber 219—20) /
als Stiller sie querfeldein zu führen nicht hatte unterlassen können (Stiller
114) / *bei der Ertrunkenen, die zu sehen ich vorhatte* (Tagebuch 139) /
zumal ich die zwecklose Verfolgung aufzugeben bereit war (Gantenbein 11) usw.

Hat Frischs Neigung zur Ausklammerung vielleicht doch etwas mit
der Mundart zu tun?

Max Frisch findet die Formulierung *auf frischen Hummer hinzuweisen die Nettigkeit haben* sehr gespreizt, eben weil sie konventionell
sei; er konstruiere den Satz so, um das gezierte und allzu elegante Be-
nehmen des Oberkellners zu parodieren. In diesem Satz (Stiller 393) ist
die Klammerstellung also ironisch gemeint. Ist sie das auch im Satz *zumal
ich die zwecklose Verfolgung aufzugeben bereit war* (Gantenbein 11)?
Nein, sagt Frisch, da wüßte er keinen Grund, in diesem Satz habe die
Klammerstellung für ihn, wenn er es jetzt so lese, nichts Zwingendes,
nichts Überzeugendes. Gibt es dafür eine Erklärung? Nur die Mundart
kann die merkwürdige Klammerstellung beim satzwertigen Infinitiv erklären. Die Zürichdeutsche Grammatik sagt: „Der mit ‚zu' angeschlossene
Infinitiv ist bei weitem nicht so häufig wie im Hochdeutschen" (§ 270).
Tatsächlich kann der satzwertige Infinitiv *auf frischen Hummer hinzuweisen die Nettigkeit haben* in der Mundart nicht nachgeahmt werden,
man müßte sagen *der oberchälner im frack wo so nett gsy isch und uf
frische hummer hii gwise hät.* Man müßte in der Mundart sagen *wil ich
äinewääg die zwäckloosi verfolgig ha wele uufgëë* für die hochdeutsche
Konstruktion mit satzwertigem Infinitiv *zumal ich die zwecklose Verfolgung aufzugeben bereit war.* Also genau da, wo in der Mundart kein
unmittelbares Vorbild besteht, kommt Frisch zur superschriftlichen Klammerstellung, die so gar nicht zu seiner übrigen Ausklammerungstendenz
paßt. (Max Frisch findet die Erklärung plausibel.)

Und ganz ähnlich: Die Dudenauflagen von 1959 und 1966 sind sich
darin einig, daß man schreibt *Der Kurfürst sagte, indem er errötend ihre
Hand ergriff* und nicht — wie Kleist — *Der Kurfürst, indem er errötend
ihre Hand ergriff, sagte.* Auch da müßte man erwarten, daß Frisch, der
stark zur Ausklammerung neigt, in diesem Fall erst recht ausklammert.
Aber er schreibt: *mein Fisch, als er endlich kam, war ausgezeichnet* (Faber
139) / *Der Sonderbare, als die Dame ihm die Türe hält, macht eine kleine
Verbeugung* (Tagebuch 91) / *Philemon und Baucis, als sie nach einer
Woche wieder nachhause kommen, werden von etlichen Briefen erwartet*
(Gantenbein 270) / *Von einer sehr reichen Andorranerin, als sie starb,
sagte die Welt* (Tagebuch 13) / *Gantenbein, seit er nicht mehr den Blinden*

spielt, ist unmöglich (Gantenbein 266) usw. Und sicher ist die Klammerstellung nicht in allen Sätzen ironisch gemeint. Frisch sagt, das sei natürlich die lateinische Konstruktion, so lateinisch und schriftlich wie im Kleist-Satz. Wenn man Frischs Neigung zur Ausklammerung als intern hochdeutsche Angelegenheit nimmt, muß das Superschriftliche in diesen Sätzen ein Rätsel bleiben. Aber Max Frisch kommt von der Mundart her. Eine Erklärung ist nur von der Mundart her möglich. Frisch wählt für den Temporalsatz (*mein Fisch, als er endlich kam, war ausgezeichnet*) die gleiche Klammerstellung wie für den Relativsatz (*der Fisch, den ich gegessen habe, war ausgezeichnet*): nur in der Mundart können sich Temporalbeziehung und Relativbeziehung so eng berühren, daß sie kaum mehr voneinander zu unterscheiden sind. Einerseits fehlen der Mundart die im Hochdeutschen geläufigsten Temporalkonjunktionen *als, da, während, nachdem,* hauptsächliche Temporalkonjunktion im Schweizerdeutschen ist *wo: wo mer händ wele gaa* ,als wir gehen wollten' (Zürichdeutsche Grammatik § 322) — anderseits ist im Schweizerdeutschen dieses *wo* das generelle Wort für relativen Anschluß: *de maa wo s gmacht hät* ,der Mann, der es getan hat' (§ 340). Man sagt in der Mundart *de puur wo n em s häime vergantet woorden isch isch verzwyflet* für hochdeutsch ,der Bauer, *dessen* Gut versteigert wurde, ist verzweifelt'. Man kann den Mundartsatz aber auch anders verstehen: ,der Bauer, *als* ihm das Gut versteigert wurde, ist verzweifelt'. Wenn man den Satz so umsetzt, erklären sich Frischs seltsame Temporalsätze in Klammerstellung. Sie haben einen Mundarthintergrund.

Das zeigt: Max Frisch kommt von der Mundart her, wenn er ausklammert. Denn dort, wo in der Mundart kein Vorbild besteht, klammert er nicht aus.

Eine Frage bleibt:

Haben diese superschriftlichen Elemente in der Sprache Max Frischs irgendeinen stilistischen Sinn?

Frischs Sprache steht in vielen Zügen der gesprochenen Sprache nah. Frisch neigt stark zur Ausklammerung. Ausklammerungen mögen der gesprochenen Sprache nahe stehen, aber auch im geschriebenen Gegenwartsdeutsch sind sie schon so häufig, daß sie nicht mehr als Ausnahmen angesehen werden dürfen. Gesprochen wirken sie nur, wenn sie an der traditionellen Schriftsprache gemessen werden. Und bei Max Frisch ist eben diese Schriftsprache immer mitgesetzt. Die Andorraner haben eine gesprochene Sprache im Verhältnis zum „schrifttüütsch" der Senora. Im lockeren und assoziativen Satzbau kann unvermittelt die amtlich-steife Formulierung *zwecks Entlastung des Stoßverkehrs* auftauchen.

Max Frisch findet den Satz *Gantenbein, seit er nicht mehr den Blinden spielt, ist unmöglich* (Gantenbein 266) schön, weil er gewissermaßen einen Balanceakt ausführe. Die schriftliche Konstruktion lasse eine ganz andere Fortsetzung erwarten, etwa so: *Gantenbein, seit er nicht mehr den Blinden spielt, neigt mehr und mehr zu* ... — und nun komme das platte Allerweltswort *unmöglich*. Natürlich ist das Wort *unmöglich* an sich nicht ‚gesprochen‘. Gesprochen wird es erst in der Spannung zum Schriftlichen. Erst in der Spannung zwischen Mund-Art und Schrift-Sprache entsteht der stilistische Sinn.

konkret / abstrakt

Lange Zeit war Max Frisch Architekt

Max Frisch spricht nicht nur Mundart. Hochdeutsch zu sprechen fällt ihm manchmal sogar leichter: vor allem, wenn es um Abstraktes geht. In der Spannung zwischen Mundart und Schriftsprache scheint irgendwie der Gegensatz zwischen ‚konkret' und ‚abstrakt' mitgesetzt zu sein. Mundartnähe kann gesprochen wirken — kann sie auch konkreter (anschaulicher) sein als die Norm der traditionellen Schriftsprache?

Frisch neigt stark zur Ausklammerung. Er schreibt also im Erstling *Jetzt wurde er vom Dampfer überholt, der hineinbog in den Hafen von Gravosa* (Reinhart 24). Ausklammerung ist etwas, was der gesprochenen Sprache nahe steht. Beim Überarbeiten des Erstlings zieht sich Max Frisch aufs unverfängliche Maß seiner subjektiven Schriftsprachnorm zurück. Der Satz heißt 1943 *Jetzt wurde er vom Dampfer überholt, der in den Hafen von Gravosa einbog* (J'adore 9). — Die zweite Fassung sei schwächer, meint Frisch heute dazu. Wie sagt er in der Mundart? Nicht sagen würde er *de dampfer wo in hafe ybüügt*, denn das Wort *einbiegen (ybüüge)* sei ihm in der Mundart nicht geläufig — in der Mundart würde er sagen, und das habe dann schon eine Spur von der originalen Beobachtung, *de dampfer wo so ine büüget daa in hafe ine*. Die Änderung von 1943 erkläre sich aus dem damaligen Bestreben, nur ja keine Helvetismen zu schreiben. Doch ganz abgesehen davon, ob man den Helvetismus bejahe oder zu meiden suche: heute findet er den Satz *der in den Hafen von Gravosa einbog* einfach flach gegenüber der viel auschaulicheren Formulierung *der hineinbog in den Hafen von Gravosa*. Schön an der ursprünglichen Formulierung von 1934 sei auch, daß es nicht heißt *einbog*, sondern *hineinbog*, dieses *hinein* bringe eine Bewegung zum Ausdruck, eine gewisse Plastizität, die in der überarbeiteten Fassung fehle.

Anschaulichkeit, originale Beobachtung, Bewegung, Plastizität: das vermißt Max Frisch heute in der Fassung von 1943. 53mal macht Frisch beim Überarbeiten seines Erstlings die mundartliche Ausklammerung rückgängig, sei es, daß er das ausgeklammerte Satzglied in die verbale Klammer zurückführt, sei es, daß er es wegläßt. Und in 40 Fällen betrifft dies eine Raumbestimmung.

So heißt es 1934 *alte Kirchen, deren Glöcklein hinklingen über die Brandung* (Reinhart 67) — 1943 dagegen *alte Kirchen, deren Glöcklein über die Brandung klingen* (J'adore 24). Der Satz *wenn er hinausgeredet hatte in den Wind* (Reinhart 85) heißt 1943 *wenn er in den Wind redete* (J'adore 33). Der Satz *Hat es nicht geklopft an der Verandatüre?* (Reinhart 128) ist 1943 verändert zu *Hat es an der Verandatür nicht geklopft?* (J'adore 46). Und so weiter.

Warum findet Max Frisch den klammerlosen Satztyp anschaulicher? Inwieweit sind Sätze mit ausgeklammerter Raumbestimmung konkret, inwieweit sind Sätze mit eingeklammerter Raumbestimmung abstrakt? Vergleicht man die beiden Satztypen, so zeigt sich, daß der mundartnahe Typ *als der Dampfer hineinbog in den Hafen* früher eine schaubare Vorstellung liefert. Denn wenn die Raumbestimmung ausgeklammert ist, sieht man schon etwas, bevor der Satz beendet ist: *als der Dampfer hineinbog* ist eine schaubare Vorstellung. Wenn dagegen die Raumbestimmung eingeklammert ist, muß der Satz zu Ende geführt werden, bis man etwas sieht: *als der Dampfer in den Hafen* gibt noch keine schaubare Vorstellung. Zwar ist in beiden Satztypen die Summe an Information gleich groß, aber der verklammerte Typ ist abstrakter, weil erst am Schluß eine schaubare Vorstellung entsteht — der mundartnahe und für Max Frisch typische klammerlose Typ ist konkreter (anschaulicher, plastischer), weil eine schon schaubare Vorstellung durch eine Raumbestimmung noch weiter präzisiert wird.

Im klammerlosen Satztyp präzisiert die Raumbestimmung (z. B. *in den Hafen von Gravosa*) zusätzlich — notwendig wäre sie nicht. Und nur dann, wenn die Raumbestimmung nicht notwendig, d. h. wenn der Satz auch ohne sie schaubar ist, kann sie Frisch ausklammern. Nun gibt es aber Verben, die obligatorisch nach der Raumbestimmung verlangen. Zum Beispiel das Verb *werfen*. Der Satz *nun wollen Sie alles ins Meer werfen* wäre unverständlich ohne die Raumbestimmung *ins Meer*. Anders, wenn man das einfache Verb *werfen* durch die Zusammensetzung *wegwerfen* ersetzt. Dann liefert der Satz eine schaubare Vorstellung auch ohne die Raumbestimmung *ins Meer: nun wollen Sie alles wegwerfen*. Dann kann Frisch auch ausklammern. Er schreibt 1934 *Und nun wollen Sie hingehen und alles wegwerfen ins Meer* (Reinhart 235). 1943 macht er die helvetismusverdächtige Ausklammerung rückgängig, gleichzeitig eliminiert er die Raumpartikel *weg-*. Der Satz heißt 1943: *Und nun wollen Sie hingehen und alles ins Meer werfen* (J'adore 76—77). — 13mal entspricht dem klammerlosen Satz mit einer verstärkenden Raumpartikel in „Jürg Reinhart" ein verklammerter Satz ohne Raumpartikel in „J'adore ce qui me brûle":

hineinbog in den Hafen ist 1943 verändert zu *in den Hafen einbog.*
hinklingen über die Brandung (Reinhart 67) wird zu *über die Brandung klingen* (J'adore 24). *hinausgeredet hatte in den Wind* (Reinhart 85) wird zu *in den Wind redete* (J'adore 33). *anschmiegte an die Hafenmauer* (Reinhart 25) wird zu *an die Hafenmauer schmiegte* (J'adore 10). Usw.

Ausklammerungen stehen der gesprochenen Sprache nah: wenn man spricht, zieht man den Bogen gern kürzer als beim Schreiben. Mundart wird gesprochen, Hochdeutsch geschrieben. Der Gegensatz zwischen ‚gesprochen' und ‚geschrieben' bestimmt die deutschschweizerische Sprachsituation weitgehend, aber er bestimmt sie nicht ausschließlich. Die Änderungen am Erstling „Jürg Reinhart" zeigen, wie eng er mit dem Gegensatz zwischen ‚konkret' und ‚abstrakt' zusammenhängt. Im Schweizerdeutschen besteht geradezu ein Zwang, die Raumbeziehungen möglichst präzis anzugeben.[1] Die Zürichdeutsche Grammatik sagt: „Bei Ortsveränderungen wird außer der Richtung gewöhnlich auch Ausgangs- und Endpunkt, sowie deren Lageverhältnis zum Sprechenden mitberücksichtigt" (§ 296). Max Frisch findet am Satz *der Dampfer, der hineinbog in den Hafen von Gravosa* (Reinhart 24) schön, daß es *hineinbog* heißt, nicht einfach *einbog:* das sei Umständlichkeit und Beweglichkeit zugleich. Änderungen belegen die Alternative zwischen flacher (abstrakter) Mundartferne und plastischer (konkreter) Mundartnähe auch sonst:

1934 schreibt Frisch *hinaus aufs nächtliche Meer* (Reinhart 42), 1943 nur noch *aufs Meer* (J'adore 16). *dahinsegeln* wird zu *segeln* (Reinhart/J'adore 32/13), *vorübergekommen* vereinfacht zu *gekommen* (129/47), *herunterklingeln* zu *klingeln* (160/60). Den Satz *Da saß er auf der Mauer, blickte hinunter und hinaus* (Reinhart 237) ändert Frisch 1943 um in *Jürg saß auf der Mauer, blickte hinunter und schwieg* (J'adore 77).

Max Frisch hat Architektur studiert. Über lange Jahre hat er als Architekt gearbeitet. Er schreibt im Tagebuch: „Was mich insbesondere

---

[1] Vgl. dazu Manfred Szadrowsky, Zur hochalemannischen Syntax, PBB 54 (1930), S. 65—137: „Dieser brauch, eine substantivische ortsangabe rein gewohnheitsmäßig und ohne besonderen ausdruckswert mit einem adverb zu begleiten, das das räumliche verhältnis des ortes zum sprechenden bezeichnet, herrscht nach feststellungen A. Bachmanns (s. Festschrift für L. Gauchat 1926, 85) in der volkssprache der ganzen deutschen Schweiz, aber auch im übrigen alemannischen (so im schwäbischen) und noch weiterhin (z. B. im Maingebiet). In der schriftsprache dagegen wird das adverb im allgemeinen nur dann gesetzt, wenn jenes verhältnis betont werden soll; immerhin läßt sich zwischen dem gemeinsprachlichen und volksmäßigen gebrauch auch in dieser Sache wie überall keine scharfe Grenze ziehen" (S. 68).

zu diesem Beruf bewogen hatte, war ja das andere, das Unpapierne, Greifbare, Handwerkliche, die stoffliche Gestalt" (Tagebuch 279). Der Beruf des Architekten verlangt ein gutes räumliches Vorstellungsvermögen. Auch als Architekt war Frisch erfolgreich: sein Wettbewerbsprojekt bringt ihm den überaus ehrenvollen Bauauftrag für das Freiluftbad Letzigraben ein. Ein Stil realisiert sich im individuellen Abstand zur Norm. Das überdurchschnittlich entwickelte räumliche Vorstellungsvermögen des Architekten Max Frisch ist eine individuelle Begabung, die er als Schriftsteller stilistisch ausnützt. Vor allem bei Landschaftsbeschreibungen. In einigen Strichen macht er eine Landschaft gegenwärtig und schaubar, von einem Standort aus schwenkt er Vordergrund, Mittelgrund, Hintergrund in allen Dimensionen ab. Das ist Davos: *Heu duftete herauf, Harz herüber vom nahen Wald, irgendwo verzettelten sie Mist, und in den Lärchen vor ihrer Veranda turnte ein neckisches Eichhörnchen* (Stiller 147–8). — Das ist Neuyork: *Zwischen laublosen Zweigen sah man die Wolkenkratzer im bläulichen Dunst, ihre bekannte Silhouette; am Rande des großen Parkes, jenseits der Stille, schwirrte es geisterhaft, ab und zu tutete es vom Hudson herauf* (Stiller 408). — Das ist Glion: *etwas außer Atem blieben wir stehen und sahen Schloß Chillon, unter uns Territet mit seinen Hotels, Tennisplätzen, Funiculaires und Chalets, darüber hinaus aber den großen blauen Genfer See* (Stiller 521). — Das ist der Pfannenstiel: *Wir sitzen in einer etwas putzigen Gartenwirtschaft, wo man aber einen weiten und erquickenden Ausblick hat, Weinlaub zu Häupten, vor sich ein paar schüttere Rebstöcke, dazwischen hinaus sieht man den See, sein Blinken unter einem Schleier von blauem Rauch* (Stiller 460).

Plastische Mundartnähe. Die Mundart ist bei Raumbeziehungen sehr oft präziser als die Schriftsprache. Aber kommt Max Frisch überhaupt von der Mundart her? Bei seiner Präzision in den Raumbestimmungen ist es merkwürdig, daß er in einem Punkt unpräzis ist. Unpräzis ist er — mitunter, natürlich nicht immer — bei den Raumpartikeln *hin* und *her*. Beispiele (alle nach Kaiser »*hin*« und »*her*«):

Frisch schreibt *hin*, wo *her* richtig wäre, in den Sätzen *Dann werfen sie mir auch Helm und Aff noch hinunter* (Brotsack 43) / *wir sind nicht wenig verblüfft, als der Gedachte kurz darauf durchs Dorf hinunterkommt* (Brotsack 40) / *Einmal kommt ein Polizist (...). Er tritt (...) ungebeten ins Zimmer hinein* (Gantenbein 180). Usw.

Umgekehrt schreibt er *her*, wo *hin* richtig wäre, in den Sätzen *unser Versuch, einmal aus dem eigenen Gesicht herauszutreten* (Tagebuch 175) / *Hanna zog die Sonnenstoren herauf* (Faber 188) / *auch mir kollerte einmal ein Stein herunter* (Gantenbein 85). Usw.

Mit den Raumpartikeln *hin* und *her* unterscheidet des Hochdeutsche, ob etwas auf den Betrachter zukommt (= *her*) oder sich vom Betrachter entfernt (= *hin*).[2] Wenn etwas *hin*unterfällt, ist der Betrachter oben; wenn etwas *her*unterfällt, ist er unten. Hier also ist Frisch inkonsequent, unpräzis — genau da, wo auch die Mundart nicht unterscheidet. Denn in der schweizerdeutschen Mundart fehlen die Raumpartikel *hin* und *her*: für *hinaus* und *heraus* gilt pauschales *use*, für *hinein* und *herein* gilt pauschales *ine*, für *hinunter* und *herunter* gilt in der Mundart pauschales *abe* (usw.). Wo die räumliche Differenzierung in der Mundart fehlt, ist auch Frisch undifferenziert. Da ist er gewissermaßen blind. Man darf schließen: wo Max Frisch die Raumbeziehungen anschaulich präzisiert, kommt er von der Mundart her, der „konkreten" Mundart.

winde, eschterich, Estrich, Dachboden

Es sei wahrscheinlich so, sagt Max Frisch, daß er die handgreiflichen, die praktischen und alltäglichen Dinge immer in unausgesprochener Mundart denke, nicht in Hochdeutsch. Im Bereich der konkret-alltäglichen Überlegungen ist also die Mundart immer präsent, ob sich Frisch in Rom, in Prag oder Berlin aufhält. Für viele alltägliche Dinge sagt man in der Schweiz anders als in Deutschland. Schweizerisch im Bereich des Konkreten ist zum Beispiel das Wort *Estrich*[3] für binnendeutsch *Dachboden* (vgl. Kaiser *»Estrich«*). Was soll der Schweizer Schriftsteller in einem solchen Fall schreiben? Unschlüssigkeit verraten die inkonsequenten Änderungen, die Max Frisch bei der Umwandlung des Hörspiels „Herr Biedermann und die Brandstifter" in ein Bühnenstück vornimmt:

Einmal ersetzt Frisch das schweizerische *Estrich* durch *Boden* (Biedermann 1953/1958 8/96). Offenbar ist es ihm aber auch bei diesem Ausdruck nicht ganz wohl, denn in einer späteren Szene ersetzt er *Boden* durch *Dachboden* (15/117), und auf der gleichen Seite — immer geht es um die gleiche Sache — ersetzt er *Dachboden* durch *Dachstock* (15/117). Einmal weicht er der Entscheidung aus, indem er im Satz *schließlich ist es Ihr eigener Boden* den Ausdruck *Boden* durch das unverfängliche Wort *Haus (Ihr eigenes Haus)* ersetzt (21/130).

Wie erklärt sich diese offensichtliche Unschlüssigkeit? Der Estrich oder Dachboden ist im „Biedermann" sehr wichtig, denn die Brandstifter

---

[2] Vgl. Duden-Grammatik § 3275.

[3] Zwar kommt das Wort *Estrich* auch binnendeutsch vor, jedoch mit der anderen Bedeutung ‚fugenloser Fußboden' (Duden Rechtschreibung S. 254, Kaiser *»Estrich«*). In dieser Bedeutung gebraucht das Wort auch der in Basel geborene Jakob Schaffner, z. B. „Johannes", Roman einer Jugend, Stuttgart — Berlin — Leipzig 1922, Band I, S. 96: *über einen zementbelegten Estrich*.

schlafen dort, verstauen in diesem Raum ihre Benzinfässer. Er habe da-
mals Mühe gehabt, erinnert sich Max Frisch heute, wie sollte er schreiben?
In der Mundart sage er *eschterich*, doch habe er feststellen müssen, daß
Estrich in Deutschland nicht verstanden werde. *Dachboden* hingegen, das
in Deutschland verstanden wird, habe er einfach als Wort nicht gern.
Ein Dilemma also zwischen dem Anspruch der allgemeinen Verständlichkeit und dem Anspruch des persönlichen Geschmacks. Warum gefällt ihm
Dachboden „als Wort" weniger gut? Dem Worttyp nach ist *Dach-boden*
eine Zusammensetzung und damit eine indirekte Bezeichnung, fast eine
abstrakte Definition: der Boden unter dem Dach, daneben gibt es auch
Holzboden, Fußboden usw. — das mundartnahe *Estrich* ist als Wort
direkter, prägnanter, weil es vom Wortmaterial her ganz spezifisch eine
bestimmte Sache bezeichnet.

Die Mundart stellt den direkten Ausdruck zur Verfügung, wo der
überregionale Ausdruck bloß umschreibt. Für die gleiche Sache hat Frisch
in der Mundart sogar zwei direkte Ausdrücke: zuerst nennt er *eschterich*
und dann *winde*, in seiner Kindheit bei ihm zu Hause habe man *winde*
gesagt. Aber nirgends in seinem Werk schreibt er *Winde* für *Dachboden*.
Nur das Mundartwort *eschterich* übernimmt er in die Schrift. Es scheint,
daß bei Frisch *winde* das ältere, *eschterich* das jüngere Mundartwort ist.
Der Mundartwandel geht heute allgemein in Richtung Schriftsprache; die
jüngere Mundart steht der Schriftsprache näher als die ältere, boden-
ständige. Tatsächlich kommt *Winde* in der schweizerischen Schriftsprache
nur gelegentlich vor, während *Estrich* im Schweizerhochdeutschen häufig
ist (Kaiser »*Winde*« und »*Estrich*«). Wenn Max Frisch in der Mundart
eschterich sagt und nicht mehr wie in der Kindheit *winde*, hat er seine
Mundart schon der Schriftsprache, dem Schweizerhochdeutschen, angepaßt
und sich vom bodenständigen Zürichdeutsch entfernt. Von den beiden
Wörtern führt das Zürichdeutsche Wörterbuch nur *winde* als Mundartwort auf und erklärt es mit — *Estrich* (S. 255).

Diese verschiedenen Ausdrücke für die eine Sache, die Wörter *winde*
— *eschterich* — *Estrich* — *Dachboden*, vertreten also modellhaft verschiedene Stufen in der Spannung zwischen Mundart und Schriftsprache: die
ältere Mundart — die jüngere Mundart — die schweizerhochdeutsche
Schriftsprache — die überregionale hochdeutsche Schriftsprache.

winde vertritt die ältere Mundart.

„bin öis hät me *winde* gsäit", sagt Frisch. Zur älteren, bodenständigen oder sog. guten Mundart gehören Wörter, die Max Frisch spontan
mit seiner Kindheit assoziiert. An die Kindheit denkt er beim Mundartwort *anke*: „mir händ also au na bi mir dehäime chind und so hät mer
anke gsäit" — heute sagt er *butter*. An seine Mutter erinnert ihn das

Mundartwort *glychschwëër*, das ein Gebäck bezeichnet, dessen Zutaten ungefähr gleiches Gewicht haben (vgl. Zürichdeutsches Wörterbuch S. 89): „*glychschwëër* de chueche dë kän ich jaa das hät d mueter gmacht und gsäit". Kaum je übernimmt Frisch solche bodenständigen Mundartwörter, die er heute nicht mehr aktiv gebraucht, in sein schriftstellerisches Werk. *Anken* schreibt er ein einziges Mal in „J'adore ce qui me brûle", bezeichnenderweise dort, wo Reinhart seine alte Mutter besucht (J'adore 273). *Gleichschwer* schreibt er im „Stiller": *sie zeigte ihm einen frischen Kuchen, einen sogenannten Gleichschwer* (Stiller 372). Und das ist überhaupt der einzige Fall, wo ein Frisch-Beleg die Angaben des Schweizerdeutschen Wörterbuchs (des Idiotikons) ergänzen kann. Denn das Idiotikon (vgl. dazu Kaiser »Gleichschwer«) führt nur einen Beleg von Gottfried Keller an mit dem Zusatz »Sonst nirgends gebucht". Keller verwendet des Wort als Neutrum — um so interessanter die maskuline Verwendung im „Stiller", und Frisch bestätigt: immer habe seine Mutter *en glychschweer* gesagt, nie *es glychschwëër*.

eschterich vertritt die jüngere Mundart.

Es ist das Zürichdeutsch, wie es Max Frisch heute spricht: er sagt heute *eschterich* für *winde*, *butter* für *anke* usw. Die Mundart von Frisch mag sich heute in vielem der Schriftsprache angenähert haben. Aber auch in der älteren Mundart gibt es nicht für jedes Schriftsprachwort einen besonderen Mundartausdruck, auch dort gibt es einen Deckungsbereich, wo der Mundartausdruck dem schriftsprachlichen entspricht. Der Deckungsbereich hat sich in der jüngeren Mundart vergrößert, aber noch sind die Fälle zahlreich genug, wo Mundart und Schriftsprache auseinandergehen. Und selbst dann, wenn der Mundartausdruck dem schriftsprachlichen entspricht, unterscheidet er sich in den meisten Fällen noch lautlich vom schriftsprachlichen: *eschterich* unterscheidet sich lautlich in zwei Punkten von *Estrich*.

Estrich vertritt die schweizerhochdeutsche Schriftsprache.

Estrich ist ein Helvetismus. Es gibt in der schweizerhochdeutschen Schriftsprache viele Wörter, die in Deutschland überhaupt nicht oder in einer anderen Bedeutung oder nicht so häufig vorkommen. Ein Helvetismus braucht nicht mundartnah zu sein, es gibt auch mundartferne Helvetismen, zum Beispiel *Glast* (für Glanz), *allfällig*, *ansonst*, *dannzumal*, *kennerisch*.[5] Max Frisch vermutet, daß sich das Schweizerhochdeutsche vor allem in den (konkreten) Ding-Bezeichnungen, weniger in den (abstrakten) Begriff-Wörtern von der Schriftsprache in Deutschland unter-

---

[4] Schweizerisches Idiotikon, Wörterbuch der schweizerdeutschen Sprache, Frauenfeld 1881 ff., Bd. IX (1929), Sp. 2065.

[5] Vgl. Kaiser (Register).

scheide[6]. Sicher ist eines: sozusagen alle Wörter, die substantivisch eine Sache aus dem häuslich-städtischen Alltag bezeichnen und die Kaiser als schweizerische Besonderheiten anführt, sind mundartnahe Helvetismen, also Ausdrücke, die auch in der Mundart möglich sind. In der Schweiz schreibt man *Velo*, wo in Deutschland *Fahrrad* gilt, man schreibt *Ständerlampe* für *Stehlampe*, *Quartier* für *Stadtviertel*, *Estrich* für *Dachboden*, *Coiffeur* für *Friseur*[5] — und in all diesen Fällen ist der schweizerhochdeutsche Ausdruck zugleich der Mundartausdruck. In schweizerischer Sicht gerät das Mundartnahe eher unter Helvetismusverdacht, während das Mundartferne gern für besonders gut hochdeutsch gehalten wird. Und weil im Bereich des Konkreten, Alltäglichen die Helvetismen weitgehend mundartnah sind, ist hier Frischs Helvetismusverdacht besonders wach.

Dachboden vertritt die überregionale hochdeutsche Schriftsprache.

Sehr viele Helvetismen, die Kaiser in schweizerischen Zeitungen aufgefallen sind, finden sich auch in den Werken von Max Frisch. Er schreibt *Velo* (z. B. Tagebuch 256: *Zwei Burschen, jeder auf einem glitzernden Velo*), *Ständerlampe* (z. B. Gantenbein 116: *Sie löschte die Ständerlampe*), *Quartier* (z. B. J'adore 273: *Reinhart liebte diese Quartiere nicht*), *Estrich* (z. B. Tagebuch 244: *er würde sich, sagt er, auch mit deinem Estrich begnügen*), *Coiffeur* (z. B. Stiller 253: *Ringsum wedelten die Fächer, die der Coiffeur als Reklame gestiftet hatte*) usw. Daneben gebraucht Frisch auch die überregionalen Ausdrücke, also *Fahrrad* (z. B. Tagebuch 440: *eines Tages hat er das Fahrrad gestohlen*), *(Stadt-)Viertel* (z. B. Stiller 102: *Vielleicht hat mir Julika nicht die wirklichen Viertel gezeigt*), *Dachboden* (z. B. Stiller 335: *ein Dachboden irgendwo in dieser Altstadt*), *Haarschneider* (z. B. Brotsack 19: *dann ging er zum Haarschneider hinüber*). Aber nie schreibt Frisch *Stehlampe* für *Ständerlampe*, nie schreibt er *Friseur* für *Coiffeur*. Wie glaubt er, daß ein deutscher Schriftsteller für *Coiffeur* schreiben würde? *Haarschneider*, nimmt er an; er glaube, daß zum Beispiel Martin Walser *Haarschneider* schreibe. Martin Walser schreibt jedoch *Friseur* (z. B. neunmal in seinem Roman „Halbzeit"[7] auf den Seiten 51—56). Tatsächlich steht in Deutschland auf dem Firmenschild, wo es in der Schweiz *Coiffeur* heißt, kaum je *Haarschneider*, sondern immer *Friseur*. *Haarschneider* ist der überregionale Ausdruck, *Friseur* ist der in Deutschland herrschende Ausdruck. Ist es so, daß für Max Frisch die Alternative zum Helvetismus nur dort besteht, wo der in Deutschland herrschende Ausdruck zugleich der überregionale Ausdruck ist? Ist es so, daß dort, wo der in Deutschland herrschende Ausdruck

---

[6] So im Brief an Kaiser, abgedruckt bei Kaiser in der Einleitung.

[7] Martin Walser, Halbzeit, Roman, Frankfurt a. M. 1960.

(= *Friseur*) und der überregionale Ausdruck (= *Haarschneider*) auseinandergehen, für Frisch nur der überregionale Ausdruck als Alternative
zum Helvetismus in Frage kommt?

Ein Test

Was ist für Max Frisch heute ausschlaggebend, wenn er zwischen
Ausdrücken mit verschiedener regionaler Geltung zu wählen hat? Um
dies zu testen, habe ich ihm eine — willkürlich[8] zusammengestellte — Liste
von Synonymen aus dem häuslich-städtischen Alltag gegeben und ihn
gebeten, er möge mit Zahlenwerten eintragen, welcher Ausdruck ihm
jeweils besser gefalle, also das Wort, bei dem es ihm am wohlsten sei,
mit der Zahl 1 versehen, mit der Zahl 2 das Wort, das ihm weniger gut
gefalle usw. — und dies möglichst rasch, d. h. unreflektiert, ohne daß er
an den Gegensatz zwischen Mundart und Schriftsprache denken soll.

So hat Frisch[9] die Liste ausgefüllt (die Helvetismen sind kursiv ge-
druckt):

2 *Bücherschaft*   1 Büchergestell

1 Fahrrad   1 *Velo*   3 Rad

2 *Zapfenzieher*   1 Korkenzieher

2 Autoreifen   1 *Autopneu*

2 Schlaftablette   1 *Schlafpille*

1 *Klappmeter*   3 Zollstock

4 Nachtmahl   1 Abendessen   3 Abendbrot   2 *Nachtessen*

1 *Schüttstein*   3 Ausguß   2 *Spültisch*

2 *Wagonbuffet*   1 Speisewagen

1 *Ständerlampe*   2 Stehlampe

5 Schifflandestelle   1 *Schifflände*

2 *Wiesenbord*   1 Wiesenböschung

1 *Quartier*   2 Stadtviertel

2 *Tram*   1 Straßenbahn   3 (Tramway)

1 Krankenhaus   1 *Spital*

2 *Altersasyl*   1 Altersheim   3 *Pfrundhaus*

1 *Estrich*   2 Dachboden   3 *Winde*

---

[8] Dazu habe ich aus der Arbeit von Kaiser sämtliche Substantive aus dem
Bereich des häuslich-städtischen Alltags genommen, die Kaiser ausdrücklich
mit einem Verweis auf Frisch anführt und deren binnendeutsche Synonymik einigermaßen unproblematisch ist.

[9] Im April 1967.

3 *Anken*   1 Butter

2 *Omnibus*   3 *Autocar*   4 Gesellschaftskraftwagen   1 *Car*

2 *Konfiserie*   1 Konditorei

1 *Pinte*   5 Schenke   2 *Beiz*

2 Haarschneider   3 Friseur   1 *Coiffeur*

1 Taschenmesser   2 *Sackmesser*

Auf den ersten Blick scheinen Frischs Bewertungen regellos durch-
einanderzugehen. Jedenfalls kann man keine durchgängige Regel erkennen, etwa von der Art, daß ihm die Helvetismen durchwegs besser
gefielen als ihre synonymen Ersatzmöglichkeiten. Und doch ist es nicht
einfach Zufall, wenn ein Wort Max Frisch besser gefällt als das andere —
vielmehr verweisen die spontanen Bewertungen auf verschiedene und mit-
einander rivalisierende Ansprüche, in deren Spannungsfeld sich Frischs
Wortwahl heute abspielt.

   Butter gefällt ihm besser als *Anken*. Heute vermeidet Frisch den
allzu aufdringlichen Helvetismus.

   Extremhelvetismen wie *Bücherschaft* (für Büchergestell), *Zapfenzieher*
(für Korkenzieher), *Anken* (für Butter), *Sackmesser* (für Taschenmesser)
hat Frisch nur in den Werken der 40er Jahre verwendet, vor allem in
den neuen Teilen von „J'adore ce qui me brûle" (Kaiser nennt in seiner
Einleitung diesen Roman vom Sprachlichen her Frischs provinziellstes
Werk). Max Frisch stellt dieser Wörter — wozu auch *Matte* (für Wiese)
gehört — in den Zusammenhang der damaligen geistigen Landesverteidigung und Mundartdemonstration, *Matte* sei eigentlich ein Heimatstil-
beitrag, in der eigenen Mundart gebrauche er dieses Wort gar nicht[10] und
heute könne er es nur noch schreiben, um in ironischem Sinn ein patrioti-
sches Gefühl zu apostrophieren, wie er es in „Gantenbein" (83, 87) tut,
in der Piz-Kesch-Episode, die in den Bündner Alpen und während des
Aktivdienstes spielt.

   Ständerlampe gefällt ihm besser als *Stehlampe*. Frisch verzichtet auf
den in Deutschland herrschenden Ausdruck, wenn er ihm zu fremd
ist.

   Um nicht unnötig Helvetismen zu schreiben, sagt Max Frisch, um zu
erfahren, wie man eine Sache in Deutschland nennt, frage er oft Deutsche,

---

[10] Im Zürichdeutschen sagt man *wise*, nicht *matte*. Max Frisch bemerkt denn
auch, es sei eigentlich so, daß er sich bei *Matte* daran „erinnere" (vgl. S. 112),
wie ein Berner sagen würde. Nach den Materialien des „Sprachatlasses der
deutschen Schweiz" gilt im Westen der Deutschschweiz *matte*, im Osten
mit Zürich *wise*. Vgl. ferner Stefan Sonderegger, Alemannische Mundartforschung, in Germanische Dialektologie Bd. I, Festschrift für Walther Mitzka,
Wiesbaden 1968, S. 15—16.

oder er konsultiere — was er früher nie getan habe — das Wörterbuch
(den Duden), aber oft helfe ihm auch das nichts, das „richtige" Wort sei
ihm einfach zu fremd, und er scheue sich, ein Wort zu schreiben, das ihm
nicht selbstverständlich komme. Nicht immer ist der in Deutschland
herrschende Ausdruck zugleich der überregionale Ausdruck. So gut, wie
es Helvetismen gibt, gibt es in der schweizerischen Perspektive „Teutonismen" (oder wie man das nennen will): Ausdrücke, die zu spezifisch
deutsch sind, als daß sie Frisch brauchen könnte. Als Teutonismen mißfallen ihm spontan die Wörter *Zollstock* (für Klappmeter), *Ausguß* (für
Schüttstein oder Spültisch), *Stehlampe* (für Ständerlampe), *Schenke* (für
Pinte oder Beiz), *Friseur* (für Coiffeur oder Haarschneider). Es sei zum
Beispiel ausgeschlossen, daß er schreiben würde *er mußte nur noch kurz
zum Friseur gehen*, es hätte für ihn etwas Lächerliches, weil er irgendwie
an einen Damenfriseur denken müsse. Oder auch *Schutzmann* ist für ihn
ein absolut „deutsches" und deshalb unbrauchbares Wort, da sehe er schon
die Mütze und alles.

Estrich gefällt ihm besser als *Dachboden*. Frisch achtet auf die
Prägnanz des Ausdrucks.

Was heißt Prägnanz? Eine Sache mit möglichst geringem und spezi-
fischem Wortmaterial bezeichnen. Max Frisch sucht immer den Ausdruck,
der mit dem Gegenstand zusammenfällt: „s woort wo mir äifach tägg
tägg mit em gägestand zämechlöpft". *Estrich* ist prägnanter als *Dachboden*, weil das Wortmaterial spezifisch für die eine Sache reserviert ist.
Genau gleich umschreibt der Ausdruck *Spültisch* (‚der Tisch, wo man Geschirr spült'), während der Ausdruck *Schüttstein*, der Frisch besser gefällt,
nicht abstrakt-logisch in eine Definition überführt werden kann (‚der
Stein, in den man etwas schüttet' ist als Definition nicht erschöpfend verständlich) — der Ausdruck *Schüttstein* umschreibt nicht, er trifft. Spontan
gefällt Frisch *Car* besser als *Omnibus*, *Omnibus* besser als *Auto-car*, *Auto-
car* besser als *Gesellschafts-kraft-wagen:* sein Mißfallen steigert sich mit
zunehmender Abstraktion. Ganz schlecht gefällt ihm *Schifflandestelle* für
das viel kompaktere *Schifflände*. Oft habe er in der Mundart die knapperen, träferen Ausdrücke, wo die überregionale Alternative nur verflachte
Allerweltswörter biete. Und da ihm regional-deutsche Ausdrücke, die
vielleicht ebenso prägnant wären, wie sie Günter Grass aus dem Danziger
Deutsch oder Uwe Johnson aus dem Mecklenburgischen beziehen, ver-
wehrt seien, komme er dann, wenn er den Helvetismus meiden wolle,
aufs Konventionelle. Schriftsprache ist abstrakt, Mundart ist konkret. Ist
es so, daß der mundartnahe Helvetismus, zum Beispiel *Coiffeur*, viel
mehr an sinnlicher Realität evoziert als seine überregionale und mundartferne Alternative? Das stimme, sagt Frisch, das Wort *Coiffeur* schließe

viel mehr Realität in sich, wogegen *Haarschneider* die Bezeichnung für eine Gattung sei, fast so wie in der Pflanzenkunde. Oder auch das helvetische *weißeln*[11] ist für ihn ein viel sinnlicheres Wort als seine binnendeutschen Ersatzmöglichkeiten *weißen* und *tünchen*. Frisch schreibt *weißeln* in „Andorra", Barblin weißelt das Haus ihres Vaters: *tünchen* könnte er da nicht brauchen, weil gerade die Farbe wichtig sei (das weiße Andorra und die Unschuld) — und *weißen*, die andere Ersatzmöglichkeit, findet er gegenüber *weißeln* darum weniger schön, weil es die Pinselbewegung nicht ausdrücke, es sei so abstrakt wie *denken*, wogegen das *-l-* im *weißeln* ihn ganz sinnlich den Pinsel sehen lasse.

Fahrrad gefällt ihm besser als *Rad*. Frisch kann an ein Wort den Anspruch der Eindeutigkeit stellen.

Zwar ist *Rad* kürzer als *Fahrrad* und in diesem äußerlichen Sinn wie *Car* gegenüber *Autocar* prägnanter — aber es ist, mindestens ohne Textzusammenhang, nicht eindeutig. So erklären sich die inkonsequenten Änderungen in der zweiten Fassung des „Biedermann", die Vibrationen zwischen *Estrich*, *Dachboden* und *Boden*: *Estrich* ist prägnant, eindeutig, aber nicht überregional — *Dachboden* ist eindeutig, überregional, aber nicht prägnant — *Boden* ist überregional, prägnant, aber nicht eindeutig.

Fahrrad und *Velo* gefallen Frisch gleich gut. Frisch nimmt Rücksicht auf sein Publikum in Deutschland.

Velo hat den Vorteil der Prägnanz, *Fahrrad* den Vorteil, daß es in Deutschland sicher verstanden wird. Vor- und Nachteile heben sich die Waage. *Spital* und *Tram* kommen im Schweizerhochdeutschen viel häufiger vor als in Deutschland, aber die überregionalen Ersatzausdrücke *Krankenhaus* und *Straßenbahn* sind Frisch so geläufig, daß sie ihm heute gleich gut oder sogar besser gefallen. Heute weiß er, daß man in Deutschland *Abendessen* sagt, nicht *Nachtessen* — warum soll er nicht auch *Abendessen* schreiben, statt mit einem Helvetismus den deutschen Leser zu irritieren? Ohnehin gelten längst nicht alle Helvetismen im Schweizerhochdeutschen ausschließlich, neben ihnen kommen auch die überregionalen Ausdrücke vor: neben *Konfiserie* schreibt man in der Schweiz auch *Konditorei;* das mundartnahe und zugleich überregionale *Altersheim* ist in der Schrift mindestens so häufig wie das mundartferne und speziell schweizerhochdeutsche *Altersasyl*. Allerdings kann Max Frisch auch daneben greifen, wenn er sich um einen überregionalen Ausdruck bemüht. Beispiele gibt Kaiser. Etwa dann, wenn Frisch das helvetismusverdächtige *Radio* umgehen will und im Tagebuch schreibt *der Freund, der Frechere, dreht deinen Rundfunk an* (Tagebuch 249), denn *Rundfunk* ist zwar

---

[11] Vgl. Kaiser *»weisseln«.*

binnendeutsch, kann aber in Deutschland nur für Funk im Sinn von Rundfunktechnik, -wesen, -gesellschaft, -sender, -studio gebraucht werden, nicht jedoch in der Bedeutung von Rundfunkempfänger (Kaiser *»Radio«*). Oder in „J'adore ce qui me brûle", seinem zweiten Roman, schreibt er: *Hortense (. . .) mußte sich in einen Teeraum setzen und einen Kaffee trinken* (J'adore 165) — hinter diesem *Teeraum* (vgl. Kaiser *»Tea-Room«*) steht nichts anderes als das schweizerische *Tea-Room,* das er meiden will (*Tea-Room* charakterisiere etwas spezifisch Schweizerisches, so eine spießbürgerliche Anbiederung ans Weltmännische, meint Frisch heute zu diesem Wort) und deshalb zu einer wörtlichen Übersetzung kommt, die aber weder eine deutsche noch eine schweizerische Einrichtung benennt (heute findet Frisch diesen Übersetzungsversuch blöd und falsch). Natürlich sind solche Fehlgriffe Ausnahmen, und doch sind sie symptomatisch für das Bemühen von Max Frisch, auch in Deutschland verstanden zu werden.

Die Ansprüche überlagern sich. Wenn Frisch *Estrich* besser gefällt als *Dachboden,* stellt er den Anspruch der Prägnanz über die Rücksicht auf das Publikum in Deutschland. Wenn ihm *Straßenbahn* besser gefällt als *Tram,* stellt er umgekehrt die Rücksicht auf das Publikum in Deutschland über den Anspruch der Prägnanz. Von Fall zu Fall kann also ein anderer Anspruch den Ausschlag geben. Kann auch der Textzusammenhang den Ausschlag geben?

Coiffeur und das langweilige Imperfekt

Die Liste der synonymen Ausdrücke, in die Max Frisch eingetragen hat, was ihm besser und was ihm weniger gut gefällt, ergibt eine Momentaufnahme der Ansprüche, die ihn bei der Wahl zwischen Wörtern mit verschiedener regionaler Geltung leiten. Aber etwas berücksichtigt der Test nicht: Bedingungen, die sich aus dem jeweiligen Textzusammenhang ergeben. Ist für Frisch ein Helvetismus wie *Coiffeur* auch dann möglich, wenn die Erzählung nicht in der Schweiz spielt? Ein extremes Beispiel für internationale Verwendung findet sich im „Stiller": *mein ehemaliger Spanienkamerad, ein Tscheche, der später in der Bronx, Neuyork, als Coiffeur arbeitete* (Stiller 505). Nein, sagt Frisch, heute würde er da nicht mehr *Coiffeur* schreiben, er würde jetzt viel mehr Rücksicht nehmen auf den jeweiligen Erzählort. Er würde also, wenn die Erzählung in Hamburg oder Frankfurt spielt, schreiben *er mußte noch kurz zum Haarschneider gehen* — und nur dann, wenn sich der gleiche Mann in Zürich aufhält, würde er schreiben *er mußte noch kurz zum Coiffeur gehen.* Schwierig sei es bei Texten, die nicht lokalisiert sind oder nicht lokalisiert sein dürfen, wie „Biedermann und die Brandstifter" — da werde er dann manchmal zu einem korrekten Allerweltswort vom Typ *Haarschneider* genötigt.

Läßt sich nachweisen, daß Max Frisch ihm bewußt gewordene Helvetismen auf Texte einschränkt, die ausdrücklich einen deutschschweizerischen Schauplatz haben? In seinen bisherigen Werken jedenfalls läßt es sich nicht nachweisen, auch nicht in seinem letzten Roman „Mein Name sei Gantenbein": seit dem „Stiller" schreibt er durchgehend *Coiffeur*, ob die Erzählung in Amerika (Stiller 252), in Zürich (Stiller 134, Gantenbein 159) spielt oder gar nicht lokalisiert ist (Gantenbein 271). Auch wäre nicht *Haarschneider*, sondern *Friseur* der Ausdruck, der Deutschland als Erzählort charakterisieren würde. Dem Unterschied zwischen *Coiffeur* und *Haarschneider* entspricht im bisherigen Werk nicht ein geographischer Unterschied zwischen schweizerischem und nicht-schweizerischem Schauplatz — vielmehr ist es so, daß Texte, in denen Helvetismen wie *Coiffeur* vorkommen, einen höheren Realitätsgrad haben als Texte, in denen sie nicht vorkommen. In keinem Theaterstück von Frisch kommt das Wort *Coiffeur* vor: auf der Bühne meidet Frisch im Sachwortschatz ihm bewußt gewordene Helvetismen, in der Bühnenfassung „Biedermann und die Brandstifter" schreibt er *Dachboden* (z. B. 91) und nie *Estrich*, *Fahrrad* (101) und nie *Velo*, *Marmelade* (106) und nie *Konfitüre*, *Straßenbahn* (119) und nie *Tram*, *Außenviertel* (151) und nie *Außenquartier*. Auf der Bühne will Max Frisch ein allgemeingültiges Modell geben. In diesem Sinn sind seine Theaterstücke über-real, abstrakt — und dieser abstrakten Über-Realität entsprechen die überregionalen, umschreibenden, „abstrakten" Ausdrücke im Bereich des häuslich-städtischen Alltags. Ein Exempel geben will Frisch, wenn er in der frühen Erzählung „Bin oder Die Reise nach Peking" schreibt: *Bin ist ein Geist. Ein Geist hat es leicht. (...) Er muß nicht immerfort die Zeitung lesen, beim Haarschneider sitzen, in einer Straßenbahn fahren* (Bin 48). *Coiffeur* wäre hier zu aufsässig in seiner Realität — da würde er auch heute *Haarschneider* schreiben, sagt Frisch. — (Fiktive) Realität inventarisieren will er dagegen, wenn er im „Stiller" schreibt *Ihr Kalenderchen enthielt aber nur Notizen über Proben, über Coiffeur, über Zahnarzt* (Stiller 134).

Wenn Max Frisch einen Bühnendialog schreibt, muß er im Bereich des häuslich-städtischen Alltags die Helvetismen meiden — Wörter wie *Velo*, *Coiffeur*, *Estrich* würden im Modell Andorra oder Biedermann sofort deutschschweizerischen Alltag evozieren. Gegenwärtig registriere er den Mundart-Schriftsprache-Konflikt am empfindlichsten beim Schreiben von Dialogen, bemerkt Frisch.[12] Wohl eben deshalb, weil er im Bühnendialog oft auf den prägnanten Helvetismus zugunsten des bloß umschreibenden

---

[12] Briefliche Mitteilung vom 30. April 1967.

überregionalen Ausdrucks oder — vielleicht noch häufiger — auf die Benennung einer alltäglichen Sache überhaupt verzichten muß.

Wenn er erzählt, einen Roman schreibt, gibt er nicht ein über-reales Modell, sondern er berichtet eine (fiktive) Realität. *Ihr Kalenderchen enthielt aber nur Notizen über Proben, über Coiffeur, über Zahnarzt* (Stiller 134): das ist ein Inventar fiktiver Realität. Der Helvetismus stört nicht, er ist richtig in seiner aufsässigen Realität. Die Schwierigkeit beim Erzählen besteht für Max Frisch nicht darin, daß er auf exemplarische Allgemeingültigkeit zu achten hätte und damit auf die Überregionalität des Ausdrucks — beim Erzählen sieht er die Schwierigkeit darin, daß er als tatsächlich geschehene Realität ausgeben muß, was er bloß erfunden hat. Er schreibt 1964: „Es stört mich plötzlich, wenn ich mich gleichsam verstelle und tun muß, als glaubte ich, daß die Geschichte, die ich lese, tatsächlich geschehen sei. Vor allem aber wenn ich selber schreibe, stocke ich und finde mich unerwachsen, wenn ich so erzähle, als ob ich nicht erfinde, sondern berichte" (Ich schreibe für Leser[13] 11).

Als Erzähler, der tatsächlich Geschehenes berichtet, gibt sich Frisch im Erstling: wo er von einer Bucht erzählt, schreibt er nicht mit einfachem Artikel *die Bucht* oder *eine Bucht,* sondern mit Demonstrativpronomen *diese Bucht* (Reinhart 35) und will damit dem Leser suggerieren, er erzähle jetzt von der einen bestimmten Bucht, wo das und das tatsächlich geschehen sei. Pseudoauthentizität, meint Frisch heute dazu. Daß es so nicht geht, scheint er schon 1943, bei der Umarbeitung von „Jürg Reinhart", gemerkt zu haben: 67mal ersetzt er das reporterhafte Demonstrativpronomen durch den einfachen Artikel, z. B. ersetzt er im Satz *das Meer, das heraufleuchtete zwischen diesem hellen und luftigen Laub* (Reinhart 95) das Demonstrativ *diesem* durch den Artikel *dem* (J'adore 36).

In den Romanen „Stiller" und „Homo faber" löst er das Erzählproblem so, daß er nicht selbst erzählt, sondern die Titelfiguren in der Ich-Form erzählen läßt. Frisch schiebt die Erzählverantwortung auf Stiller. Stiller hat die Handtasche von Julika durchsucht und weiß deshalb, was für Notizen ihr Kalenderchen enthält: *Notizen über Proben, über Coiffeur, über Zahnarzt* (Stiller 134). Immerhin suggeriert auch die Stiller-Konzeption noch eine Tatsächlichkeit. Frisch fingiert, daß er die authentischen Aufzeichnungen von Stiller vorlegt.

Am radikalsten löst Max Frisch das Erzählproblem in seinem letzten Roman „Mein Name sei Gantenbein". Da erzählt er sozusagen mit

---

[13] Max Frisch, Ich schreibe für Leser, Antworten auf vorgestellte Fragen, in: „Dichten und Trachten" 24 (1964), S. 7—23.

offenen Karten, indem er die Fiktion offen zugibt mit dem stereotypen Schlüsselsatz „Ich stelle mir vor".

Was ist es beim Erzählen, das erfundener Realität den Anschein von
tatsächlicher Realität gibt? Im Zusammenhang mit der Entstehung von
„Gantenbein" teilt Frisch mit: „Ich hatte schon viel geschrieben, aber es
langweilte mich immer bald. Ich mußte es liegen lassen, obschon mich
nichts anderes bedrängte. Was mich beim Erzählen langweilte: das Imperfekt" (Ich schreibe für Leser[13] 11).

Also das Imperfekt.

In der Mundart kennt Frisch das Imperfekt nicht, für *er ging* muß er
in der Mundart sagen *er isch gange*. Wenn ihn beim Erzählen das Imperfekt stört, stört ihn etwas Mundartfernes. Mundartferne stört ihn auch
beim Schreiben eines Bühnendialogs: da stört es ihn, daß er manchmal
zum mundartfernen überregionalen Ausdruck genötigt wird. Die Schwie-
rigkeiten verhalten sich also reziprok. Beim Erzählen darf Frisch Realität
direkt (prägnant, „konkret") benennen — die Schwierigkeit besteht darin,
daß im Imperfekt der erfundene *Coiffeur*, das erfundene *Velo*, der erfundene *Estrich* tatsächlich Realität suggeriert. Auf der Bühne besteht
diese Diskrepanz zwischen Erfindung und Tatsächlichkeit nicht, wenn in
„Andorra" der Pater mit dem Fahrrad auftritt, sieht der Zuschauer das
Fahrrad tatsächlich auf der Bühne: „Und deswegen hat das Theater auch
kein Imperfekt; es liefert keine Berichte, sondern Modelle, es spielt" (Ich
schreibe für Leser[13] 15) — die Schwierigkeit auf der Bühne besteht darin,
daß das allgemeingültige Modell der Bühnentatsächlichkeit Frisch zum
überregionalen, umschreibenden, „abstrakten" Ausdruck nötigt.

In beiden Fällen, beim Erzählen wie beim Schreiben eines Bühnendialogs, stört ihn die Nötigung zu etwas Mundartfernem.

Das mundartferne Imperfekt hat Frisch in der Schule lernen müssen.
Daher ist ihm die Imperfektform nicht so selbstverständlich wie einem
deutschen Schriftsteller. Weil sie ihm nicht so selbstverständlich ist, kann
sie ihn auch eher stören. Ist das mundartnahe Perfekt (*er ist gegangen*) in
der schweizerischen Schriftsprache häufiger als in Deutschland? Nach
Kaiser (Abschnitt *»Präteritum und Perfekt«*) zeigt sich in der schweizerischen Schriftsprache eher die umgekehrte Tendenz, das Imperfekt auf
Zusammenhänge auszudehnen, die im Perfekt stehen müßten — aus der
überkompensierenden Neigung heraus, das mundartferne Imperfekt für
besser schriftsprachlich zu halten. Wie ist es bei Frisch? Gibt es in Texten,
die in verschiedenen Fassungen vorliegen, Änderungen, die die Alternative zwischen mundartnahem Perfekt und mundartfernem Imperfekt
authentisch belegen?

Bei fast allen Werken, die in verschiedenen Fassungen vorliegen, bewegen sich die Änderungen überhaupt nie oder höchstens 2mal zwischen Perfekt und Imperfekt. Nur bei „Graf Öderland" zeigt die erste Fassung von 1946 7mal Imperfekt, wo die späteren Fassungen von 1951 und 1961 Perfekt haben:

So ersetzt Frisch im Satz *Daß ich mein Leben so verbrachte* (Öderland 1946 79) die Imperfektform *verbrachte* durch die Perfektform *verbracht habe* (Öderland 1951 20).

Im Satz *Das ist ein Witz, worüber die Geschworenen lachten* ersetzt er *lachten* durch *gelacht haben* (1946/1951 79/20).

Im Satz *Millionen gingen durch meine Hände* ersetzt er *gingen* durch *sind gegangen* (1946/1951 81/22).

Im Satz *alle, die ihn mit keinem Blick bemerkten* ersetzt er *bemerkten* durch *bemerkt haben* (1946/1951 82/23).

Im Satz *Schon am ersten Abend sagte ich, der Herr Graf möge uns gelegentlich die Pässe geben* ersetzt er *sagte ich* durch *habe ich gebeten* (1946/1951 103/54).

Im Satz *Ich hielt mein Versprechen* ersetzt er *hielt* durch *habe gehalten* (1946/1961 99/340).

Im Satz *Das Schönste, was ich erlebte, war der Freitag* ersetzt er *erlebte* durch *erlebt habe* (1946/1961 100/341).

Die erste Fassung von „Graf Öderland" steht im Tagebuch und ist ihrer Form nach ein Zwischending. Der Form nach ist sie nicht ganz Erzählung (Frisch teilt sie in Szenen auf), aber auch noch nicht ganz Bühnendialog (dazu sind die rein erzählenden Abschnitte zu umfangreich). Und nur hier, wo Frisch eine szenische Erzählung in definitives Theater überführt, läßt sich die Alternative zwischen Imperfekt und Perfekt authentisch belegen. Die Figuren sprechen in der ersten Fassung von 1946, wo ihre Aussagen als direkte Rede in einem erzählenden Kontext stehen, im mundartfernen Imperfekt — die gleichen Figuren sprechen im mundartnahen Perfekt, wo die gleichen Aussagen definitiv für die Bühne bestimmt sind.

Abstrakte Beziehungen, expliziert oder nicht expliziert

Zeit ist abstrakter als Raum. Zeit ist nicht greifbar. In den Raumbeziehungen ist Max Frisch sehr präzis — die konkrete Mundart stellt ihm Differenzierungen in den Raumbezügen bereit, die er ausnützt, wenn er Landschaften schaubar und plastisch beschreibt. In den Zeitbezügen dagegen ist die Mundart weniger differenziert als die Schriftsprache. Die

Mundart kennt kein Imperfekt. Der hochdeutsche Tempusunterschied zwischen Imperfekt (*er ging*) und Perfekt (*er ist gegangen*) ist in der Mundart im pauschalen Perfekt (*er isch gange*) aufgehoben. Oft gilt in der Mundart auch pauschales Perfekt, wo im Hochdeutschen Imperfekt und Plusquamperfekt ein zeitliches Nebeneinander unterscheiden.[14] Dem hochdeutschen Satz *er kam erst, als der Vater zweimal gerufen hatte* entspricht in der Mundart *er isch eerscht choo wo de vatter zwäimaal grüefft hät* (vgl. Zürichdeutsche Grammatik § 283). Diese fehlende Tempusdifferenzierung in der Mundart liegt zugrunde, wenn Max Frisch ab und zu pauschal das Imperfekt setzt, wo man vom streng logischen Standpunkt aus ein Plusquamperfekt erwarten könnte, etwa in diesen Sätzen:

> *Sobald ein erster voranging, wagten auch wir es und schwammen in raschen, reißenden Wellen* (Brotsack 23–4) statt *vorangegangen war*, weil das Vorangehen des einen die vorzeitige Voraussetzung ist für das Nachkommen der anderen / *Und der Kohlensack, wie sie den kleinen Pfaffen nannten, empfand es schon einmal als seine Sendung, seine Gemeinde vor gewissen Leuten zu warnen* (J'adore 188) statt *hatte es empfunden*: es ist das Beispiel, das Kaiser (im Abschnitt »Plusquamperfekt«) gibt als repräsentativ für eine Neigung auch in der schweizerhochdeutschen Zeitungssprache / *In einem kleinen Bauernhof lebte eine Frau, deren Mann, damals ein junger Soldat, während des ersten Weltkrieges in russische Gefangenschaft kam* (Tagebuch 347) statt *gekommen war*, weil inzwischen Jahre vergangen sind / *Es war eine Mutter mit Kinderwagen, die es später meldete, genötigt von ihrem Mann, der fand, das müsse man melden* (Gantenbein 495) statt *gefunden hatte*, denn das Finden des Mannes gibt den vorzeitigen Grund für das Melden der Frau / *Da ich die ganze Nacht fror, war ich früh auf den Beinen* (Gantenbein 79) statt *geforen hatte*, denn das Frieren während der Nacht ist der vorzeitige Grund für das frühe Aufstehen.

Zum letzten Beispiel sagt Frisch: Zweifellos wäre Plusquamperfekt hier das Richtigere, das Frieren sei ja vorzeitig. Was ihn zum pauschalen Imperfekt verleitet habe, sei wahrscheinlich, daß ihm die Sauberstellung

---

[14] Immerhin kennt auch die Mundart eine Möglichkeit, die Vorzeitigkeit in der Verbform zu explizieren, nämlich im „parfait surcomposé" vom Typ *i has gmacht gha* (ich habe es gemacht gehabt). Diese Form wird jedoch nach der Zürichdeutschen Grammatik (§ 283) in der Mundart „viel sparsamer" verwendet als das Plusquamperfekt in der Schriftsprache. Vgl. ferner Jost Trier, Unsicherheiten im heutigen Deutsch, in: Sprachnorm, Sprachpflege, Sprachkritik (Sprache der Gegenwart Bd. 2), Düsseldorf 1968, S. 11—27.

der zeitlichen Abfolge zu nebensächlich erschienen sei, denn wenn man sich das ganz praktisch vorstelle, man liegt im Bett und friert und steht früh auf, so gehe es fließend ineinander über, es sei in Wirklichkeit nicht so abgeschnitten, wie einem das korrekte Plusquamperfekt einreden könnte. Das Plusquamperfekt mag in solchen Fällen korrekter und logischer sein — aber gerade das Korrekte und Logische kann Max Frisch als wirklichkeitsfremd empfinden, als zu abstrakt, besonders wenn ihm in der Mundart die Vorlage fehlt: auch in der Mundart würde er ohne Tempusdifferenzierung mit pauschalem Perfekt sagen *wil ich die ganz nacht gfroore han bin ich früe uf de bäine gsy.*

Allerdings kann Frisch auch umgekehrt reagieren, wenn eine Differenzierung in der Mundart nicht explizit vorgegeben ist, und zu etwas Superhochdeutschem kommen. So, wenn er manchmal für die temporale Konjunktion *während,* die in der Mundart fehlt, das veraltete, sehr schriftliche und in diesem Sinn superhochdeutsche *dieweil* schreibt, zum Beispiel in diesen Sätzen:

All dies, wie gesagt, redete er ins allgemeine, dieweil ich das Foto seiner Gattin betrachtete (Stiller 263) / *Jedenfalls verbeugte sich Ivo nochmals mit barem Haupt, hatte irgendeine Riesenfreude, dieweil er von dannen humpelte* (J'adore 26) / *„(. . .) Ihr nehmt doch einen Apéritif?" fragt er, dieweil sie sich gehorsam setzten* (Tagebuch 379) / *einer hielt sogar, dieweil der andere mir Feuer gab, die graue Wagentüre* (Stiller 205) / *die Kinderlein schlafen in einem Gemüsekorb, dieweil wir oft die halbe Nacht lang schwatzen* (Cruz 21).

Das letzte Beispiel steht im Duden (Hauptschwierigkeiten S. 165) als Beleg für *dieweil,* das, „wenn überhaupt, dann meistens in dichterischer und altertümelnder Sprache" vorkomme. Heute jedenfalls ist sich Frisch durchaus bewußt, daß *dieweil* etwas Antiquiertes und *während* im Hochdeutschen das Normale ist. Wie würde er den Satz, den Duden anführt, in der Mundart sagen? Er versucht zunächst eine wörtliche Umsetzung: *d chindli schlaafed imene gmüeschoorb* (da zögert er:) *wäared mir oft die halb nacht lang schwätzed* — aber diese Umsetzung behage ihm nicht ganz, möglich, daß er in der Mundart so sagen würde, aber er hätte dabei schon das Gefühl, daß *wäared* sei ein Einsprengsel aus der gelesenen Sprache. Könnte man in der Mundart auch sagen *d chindli schlaafed imene gmüeschoorb und mir schwätzed die halb nacht lang?* Ja, das sei viel besser, er glaube überhaupt, daß die Mundart die Beziehung zwischen der Hauptaktion und der gleichzeitig laufenden Parallel- oder Nebenaktion nicht so scharf fasse wie die Schriftsprache, daß sie sehr häufig die beiden Aktionen einfach nebeneinanderstelle, ohne die Temporalbezeichnung mit *während (wääred)* zu explizieren.[15] Wenn nun Max Frisch im Hochdeutschen diese Temporalbezeichnung expliziert haben möchte, fehlt ihm dazu die Vorlage in der (guten) Mundart, er muß sich von der Mundart entfernen und kann gerade so zu etwas Superhochdeutschem kommen, zu einem antiquierten *dieweil*, auch dann, wenn er damit keine stilistische Absicht verbindet, zum Beispiel auch in einer Regieanweisung. In der ersten Fassung der „Chinesischen Mauer" schreibt er in einer Regieanweisung noch parataktisch: *ein junger Spanier, der mit seinem Handschuh spielt und seinem Partner nur mit Ungeduld zuhört* (Chin. Mauer 1947 24); in der zweiten Fassung expliziert er die temporale Beziehung mit dem unterordnenden *dieweil*: *ein jugendlicher Spanier, der ungeduldig, dieweil er zuhört, mit einem Handschuh tändelt* (Chin. Mauer 1955 164).

„In der Mundart wird die Beiordnung häufig auch bei logischer Abhängigkeit der Sätze beibehalten" (Zürichdeutsche Grammatik § 317). Max Frischs Sprache wirkt gesprochen in ihrer lockeren, assoziativen Syntax. Sie entzieht sich sehr gern der verbalen Klammer und damit der Explizierung der abstrakt-logischen Bezüge. Eine logische Beziehung kann bei Frisch unausgedrückt bleiben (wenn er bei realer Vorzeitigkeit Imperfekt statt Plusquamperfekt schreibt) — umgekehrt kann er, wenn er die Beziehung explizieren will, zu etwas Superhochdeutschem kommen (zu einem *dieweil* für während).

Einerseits kann Frisch den grammatischen Bezug absichtlich verschieben.

Im Schwank „Die große Wut des Philipp Hotz" läßt er Hotz sagen *Denken Sie nicht, ich sei eifersüchtig, weil Dorli, lange ist's her, mit diesem Mistbock, der meines Erachtens, offen gesprochen, Direktor einer Maschinenfabrik ist* (Hotz 163). Das ist absolut als Clownerie gemeint, bemerkt Frisch dazu. Es sei ja ganz klar, daß Hotz den Satz eigentlich umgekehrt sagen wolle, nämlich *mit diesem Direktor einer Maschinenfabrik, der meines Erachtens, offen gesprochen, ein Mistbock ist*, denn daß der Liebhaber seiner Frau Direktor einer Maschinenfabrik ist, sei keine Erachtensfrage, sondern ein Faktum. Doch da Hotz so voller Wut sei, gehe ihm der Mistbock zuerst los.

Andererseits aber ist Frisch manchmal äußerst skrupulös im Klarstellen des grammatischen Bezugs.

So fällt ihm im Satz *ein Oberkellner im Frack, der auf frischen Hummer hinzuweisen die Nettigkeit hatte* (Stiller 393) zunächst nicht

---

[15] Max Frisch verweist auch auf die andere Mundartmöglichkeit *wänn mir amigs* (zu *wänn* für hochdeutsch *während* vgl. Zürichdeutsche Grammatik § 322).

die sehr schriftliche Klammerstellung auf, sondern zuerst fragt er sich, ob sich der Relativsatz nicht fälschlich auf den Frack statt auf den Oberkellner beziehen könnte (eine ziemlich grundlose Befürchtung). Solche Bedenken, der Bezug könnte nicht klar sein, seien bei ihm nicht selten, manchmal komme er deshalb sogar zu einer schlechteren Wortwahl. Das läßt sich einmal authentisch beobachten. In der ersten Fassung von „Öderland" schreibt er *die Mutter nimmt ihn* (= den Teller), *wischt ihn nochmals mit dem Ärmel und füllt ihn mit Suppe* (Öderland 1946 77). Bei der Bearbeitung 1951 befürchtet Frisch offenbar, man könnte das letzte Pronomen *ihn* auf den Ärmel statt auf den Teller beziehen (die Mutter füllt den Ärmel mit Suppe), und ersetzt deshalb vorsichtshalber das Maskulin *Ärmel* durch das Feminin *Schürze: sie wischt ihn nochmals mit der Schürze aus, dann füllt sie ihn mit Suppe* (Öderland 1951 33).

Ist grammatische Explizität überhaupt etwas, das Max Frisch nicht so richtig liegt?

Viel häufiger als in der Schriftprobe sind in der Mundart die Adjektive auf *-ig* (vgl. Zürichdeutsche Grammatik §§ 403, 404). Auch Frisch nützt diese Bildungsmöglichkeit recht ausgiebig aus. An *ig*-Adjektiven, die im Duden nicht verzeichnet sind, kommen bei ihm etwa vor: *junggesellig* (Gantenbein 288: *während Philemon sich junggesellig in New York sieht*), *brotig* (Gantenbein 174: *diese brotige Luft in dem ländlichen Laden*), *blaterig* (Stiller 281: *an den blaterigen Mauern*), *lallig* (Stiller 552: *trotz seiner lalligen Stimme*), *wattig* (Faber 236: *der wattige Mond*), *moppig*[16] (Gantenbein 85: *Ich nahm meinen moppigen Waffenrock*), *kicherig* (Stiller 112: *Mit einem kicherigen Lachen*), *filibusterig*[17] (Ganten-

---

[16] Max Frisch hält das Wort *moppig* (er gebraucht es als Synonym zu *mollig*) für schweizerisch-mundartlich, obwohl es im Schweizerischen Idiotikon gar nicht aufgeführt wird. Das einzige Wörterbuch, das das (auch bei Grimm fehlende) Wort verzeichnet, ist das „Mecklenburgische Wörterbuch" von Wossidlo-Teuchert, Berlin/Neumünster 1965, Bd. IV, Sp. 1254 mit der Bedeutungsangabe „fettig, verfilzt, von der Schafwolle am Vlies". Herr Dr. St. Kaiser teilt mir auf Anfrage mit, daß weder ihm noch einem seiner Kollegen das Wort geläufig sei.

[17] Der Bildung *filibusterig*, die in keinem deutschen Wörterbuch verzeichnet wird, liegt das angloamerikanische Wort *filibuster* (span. *filibustero* aus franz. *flibustier*) zugrunde, dessen verbale Bedeutung von Brewer's Dictionary of Phrase and Fable (London 1959) so umschrieben wird: "To filibuster. In U.S.A. politics, the manoeuvre to frustrate the passing of a bill. It is based on the right of a member of Congress not to be interrupted so long as he holds the floor of the House. The member may recite or talk about any subject under the sun until the time available for passing the bill is exhausted" (S. 361). Frisch gebraucht das Wort also im Sinn von ‚den andern nicht zu Wort kommen lassend' (die Endung *-ig* vertritt partizipiales *-nd*). — Den Hinweis verdanke ich Herrn Dr. St. Kaiser, Tübingen.

bein 332: *Dabei rede ich [...] nicht filibusterig, aber so lapidar-überzeugt, daß das Schweigen der Contessa nicht unbegreiflich erscheint*), fledermausig (Reinhart 148: *unter fledermausigen Gewölben*), rumpflig (Gantenbein 62: *ihre rumpfligen Schuhe*). — Er spielt geradezu mit *ig*-Adjektiven, wenn er schreibt *ein rostig-silbrig-rauchiger Spiegel* (Gantenbein 208) oder *der Morgen war heiß und dampfig, die Sonne schleimig wie je, die Blätter glänzten, und wir waren naß von Schweiß und Regen und Öl, schmierig wie Neugeborene* (Faber 97). — Er schreibt *damig* für damenhaft (Stiller 252: *eine junge Negerin mit damigem Hütchen*), *krampfig* für verkrampft oder krampfhaft (Stiller 481: *Sein Lächeln ist etwas krampfig*), *lärmig* für lärmend (Stiller 576: *draußen die lärmigen Vögel*) usw.

Es sei lustig, sagt Frisch, diese *ig*-Wörter gefielen ihm eigentlich fast alle, „die händ so öppis igelhafts so öppis i sich ine jetz grad wän mer nämed *lärmend verkrampft* daas sind ales sägemer aan- und abklingendi wöörter und daas (= die *ig*-Bildungen) mee so tägg-tägg-wöörter ich find si stärcher die andere laufed also *ver-krampft* das lauft aa oder *lärm-end* lauft uus *lärmig* lauft nid aa und lauft nid uus sondern isch daa".

Nichts anderes als ihre geringe grammatische Explizität also ist es, die Frisch an den *ig*-Bildungen so gefällt. Denn intuitiv meint er die grammatische Explizität, wenn er sagt, *ver-krampft* laufe an und *lärm-end* laufe aus. Der Ersatz für eine *ig*-Bildung ist grammatisch expliziter, sei es, daß man zu einer Umschreibung genötigt wird (*fledermausige Gewölbe* sind *Gewölbe, in denen sich Fledermäuse aufhalten; rumpflige Schuhe* sind *Schuhe, die Falten haben* oder *Schuhe mit Falten*), sei es, daß die Ersatzbildungsmittel schon für sich bestimmte grammatische Beziehungen ausdrücken (-*end* ist der grammatische Ausdruck für das Partizip Präsens, *ver*- drückt etwas Perfektisches aus usw.). Das Suffix -*ig* hingegen ist an sich noch nicht auf eine bestimmte grammatische Beziehung hin festgelegt, es steht für sehr verschiedene Beziehungen offen. Die *ig*-Wörter haben so etwas Igelhaftes, sagt Max Frisch, so etwas in sich innen. Mundart ist konkret. Er findet die *ig*-Wörter stärker (prägnanter, sinnlicher), eben weil das in der Mundart überaus häufige *ig*-Suffix keine bestimmte Beziehung expliziert, -*ig* steht für -*end* in *lärmig*, es steht für -*haft* in *damig* (damenhaft), für *ver*- in *rostig* (verrostet), für -*en* in *goldig* (golden) usw. Die schriftsprachlichen Ersatzbildungen explizieren abstrakte Beziehungen, sie umschreiben. Schriftsprache ist abstrakt.

gewöhnlich / gehoben

Noch einmal die Senora und der Doktor

Das Wort *verschnaufen* ist durchaus gemeindeutsch. Doch Max Frisch stellt es unter Helvetismusverdacht, er hält es für die direkte Umsetzung aus dem mundartlichen *verschnuufe*. Wie würde denn seiner Meinung nach ein deutscher Schriftsteller schreiben? Als nicht regional-schweizerische Alternative nennt er *Atem schöpfen, Atem holen*. Nur diese Ausdrücke scheinen ihm richtig hochdeutsch. Es sind die gehobenen, die hochsprachlichen Ausdrücke. Die regionale Geltung von *verschnaufen* ist nicht geringer als die der Alternative *Atem schöpfen, Atem holen*. Wohl aber besteht ein Unterschied in der Stilhöhe. Gegenüber den gehobenen Ausdrücken *Atem schöpfen, Atem holen* nimmt sich *verschnaufen* gewöhnlich aus. Und Max Frisch projiziert den Unterschied zwischen dem gewöhnlichen und dem gehobenen Ausdruck auf einen vermeintlich regionalen Unterschied. Das gewöhnliche und mundartnahe *verschnaufen* paßt offenbar nicht zu der Vorstellung, die sich Frisch vom Hochdeutschen macht.

Er stellt sich das Hochdeutsche weitgehend als die gehobene Sprache vor.

Was ist teurer, *Konfitüre* oder *Marmelade*? Natürlich ist beides gleich teuer, da mit den zwei Ausdrücken kaum je ein Sachunterschied[1] verbunden wird. Der Unterschied liegt in der regionalen Geltung. In der Mundart sagt man *gumfitüüre*. In Deutschland herrscht *Marmelade* vor, in der schweizerhochdeutschen Schriftsprache gilt dafür *Konfitüre* (Kaiser »*Konfitüre*«). Frisch schreibt beides *Marmelade* z. B. in „Gantenbein" 467, *Konfitüre* z. B. in „Stiller" 71. Auf die Bluff-Frage, was teurer sei, sagt Frisch: *Marmelade*. *Marmelade*, der mundartferne und in Deutschland herrschende Ausdruck, ist für ihn also das Vornehmere, das Exklusivere. Es sei so, sagt er, daß man *Marmelade* nur kaufen könne, während man *Konfitüre* zwar ebenfalls kaufen, aber auch selber machen könne. Lustigerweise würde ein Deutscher da gerade umgekehrt reagieren. Denn nach Kaiser (»*Konfitüre*«) bevorzugen viele einschlägige deutsche Firmen die Etikettierung *Konfitüre*, weil sie diesen Ausdruck für anspruchsvoller halten. Für Frisch aber manifestiert sich die Vorstellung, daß der Mundartaus-

---

[1] Vgl. dazu Kaiser »*Konfitüre*«.

druck gewöhnlich und der mundartferne deutsche Ausdruck gehoben ist. Was liegt dieser Vorstellung zugrunde? Sicher liegt ihr zugrunde, daß für Frisch während langer Zeit das Hochdeutsche nur in der speziellen Schicht der Schrift- und Literatursprache repräsentiert war, und daß die Deutschen, mit denen er während der Hitlerzeit verkehren konnte, ausschließlich Deutsche aus der gebildeten, der literarischen Schicht waren. Mundart ist gewöhnlich. Aber nicht in dem Sinn, daß Frisch nur in sozial niedergestellten Gesellschaftsschichten Mundart sprechen würde.

Im „Stiller" heißt es: *Am Anfang, so die ersten Wochen oder Monate, ist man baff, wie hübsch es hier ist* (Stiller 153). Den Ausdruck *baff* (im Sinn von ‚überrascht') kennt Frisch von seiner Mundart her. Auch in Deutschland kommt er vor. Duden führt ihn auf, allerdings mit der Einstufung „salopp" (Synonymik S. 640). Das Wort ist also in Deutschland nur bedingt gesellschaftsfähig, es ist in seiner Anwendung sozial eingeschränkt. Genau gleich ist in Deutschland die Mundart überhaupt sozial eingeschränkt. In Deutschland kann ein Wort nur schon deshalb „salopp" (nicht salonfähig) sein, weil es der sozial niedergestellten Mundartschicht zugehört. Und darin unterscheidet sich die Stellung der Mundart in Deutschland wohl grundlegend von ihrer Stellung in der Schweiz. In der Schweiz ist die Mundart nicht auf sozial niedergestellte Gesellschaftsschichten verwiesen. „Eine soziale Sprachgrenze zwischen Mundart und Hochsprache besteht nicht einmal in den großen Städten" (Sonderegger[2] S. 12). In der Schweiz darf man das Wort *baff* in jeder Gesellschaftsschicht sagen, es hat im Mundartgespräch nicht die geringste saloppe Nuance. Sobald Frisch jedoch das Mundartwort *baff* (und er denkt bei diesem Wort an die Mundart) ins Hochdeutsche übernimmt, ändert sich durch den Druck des hochdeutschen Kontexts sein Wert, es wird salopp.

Unterschiede zwischen salopper und salonfähiger Sprache bestehen in „Andorra".

Die Senora sagt zum Soldaten, der sie begafft: *Gibt es in Andorra keine Frauen?* Der Soldat entgegnet: *Habt ihr das gehört? Ob's in Andorra keine Weiber gibt, fragt sie* (Andorra 260). Der Soldat übersetzt also die Frage der Senora in seine vulgäre Redeweise, er ersetzt *Frauen* durch *Weiber*, die Vollform es (*Gibt es*) durch die Kurzform *'s* (*Ob's*).

Zum Doktor, der während der Judenschau seine Schuhe nicht gleich findet, sagt der Soldat: *Jetzt machen Sie keine Krämpfe!* Diese Wendung beleidigt den Doktor, er verwahrt sich ausdrücklich gegen die

---

[2] Stefan Sonderegger, Ein Jahrtausend Geschichte der deutschen Sprache in der Schweiz, in: Sprache Sprachgeschichte Sprachpflege in der deutschen Schweiz, Zürich 1964, S. 7—29.

vulgäre Sprechweise: *Ich gehe nicht barfuß. Das bin ich nicht gewohnt. Und sprechen Sie anständig mit mir. Ich lasse mir diesen Tonfall nicht gefallen.* Der Soldat: *Also was ist denn los?* Der Doktor: *Ich mache keine Krämpfe* (Andorra 301–2).

Die Senora und der Doktor seien die Beleseneren, sagt Max Frisch. Nach den Kostümvorschriften erscheint die Senora als einzige elegant, der Doktor trägt als einziger eine Krawatte (Andorra 346). Also würden die sozial höhergestellten Personen salonfähig („gehoben") sprechen, die sozial tiefergestellten vulgär („gewöhnlich")? Das geht in zweierlei Hinsicht nicht ganz auf. Erstens spricht zwar die Senora immer salonfähig, der Doktor aber nicht immer. Der Doktor sagt zum Beispiel *Die Damen waren scharf auf ihn* (Andorra 230) — eine nicht unbedingt salonfähige Wendung. Zweitens müßte man von ihrem Berufsstand her auch den Pater und den Lehrer zu den sozial höhergestellten Personen rechnen. Wenn man fragt, warum sich Frisch nur die Senora und den Doktor als die Beleseneren vorstellt, muß man das Modell Andorra zurücknehmen auf das Muster Schweiz. Dann würde die Senora, die Schwarze von drüben, als Deutsche hochdeutsch sprechen. Und der Doktor, der sich etwas darauf einbildet, in der Welt herumgekommen zu sein (vgl. z. B. Andorra 230), würde in schweizerischer Realität als Schweizer normalerweise — wie alle Andorraner — schweizerdeutsch sprechen, in gewissen Situationen jedoch hochdeutsch, so, wenn er während der Judenschau in der Aufregung die Schuhe nicht findet und mit seinem Hochdeutsch die Aufmerksamkeit der stummen Schwarzen (Deutschen) auf sich zu lenken versucht. Der Gegensatz zwischen Schweizerdeutsch und Hochdeutsch ist also das unterschwellige Muster für den Gegensatz zwischen salopper und salonfähiger Sprache im Modell Andorra. Andorra ist ein bäurischer Ort. Er brauche einfach Figuren von einer gewissen Naivität, sagt Max Frisch, damit er dem Bühnendialog etwas von der mundartlichen Sprechweise mitgeben könne. Also gehört das Saloppe (das Vulgäre, Gewöhnliche) offenbar ebenso zu seiner Vorstellung von der Mundart wie das Salonfähige (Gehobene, Literarische) zu seiner Vorstellung vom Hochdeutschen. Die beiden Sprachformen Mundart und Hochdeutsch sind in der Schweiz nicht auf verschiedene soziale Schichten verteilt. Intuitiv projiziert Max Frisch im Modell Andorra den Gegensatz zwischen Schweizerdeutsch und Hochdeutsch auf den sozialen Gegensatz zwischen weniger belesenen und belesenen Figuren.

„wüeschti wöörter" lernt man nicht in der Schule

Gut — Max Frisch stellt sich das Hochdeutsche weitgehend als gehobene Literatursprache vor, er assoziiert Hochdeutsch nicht mit der ganzen Breite des Sprachgebrauchs, sondern weitgehend nur mit der speziellen Schicht der gehobenen, salonfähigen Hochsprache. Wenn nun aber die Andorraner zum saloppen Ausdruck tendieren, wenn sie *schnorren* für *sprechen* (z. B. Andora 226), *Maul* für *Mund* (23), *Hosenscheißer* (211), *hocken* für *sitzen* (232), *saufen* für *trinken* (241) sagen — dann realisiert sich Frischs Stil offensichtlich gerade in der Abweichung zur Vorstellung Hochsprache. Als gerade nicht hochsprachlichen Beleg gibt Duden ein Frisch-Zitat. Duden (Hauptschwierigkeiten S. 90) schreibt im Zusammenhang der Ausklammerung: „Eine der Quellen für diese Satzbauweise ist ohne Zweifel die Umgangssprache, die die bequeme Vorwegnahme des Prädikats in großem Stil handhabt, ohne sich an die Regeln der Hochsprache zu halten" — und nach einem Doppelpunkt führt er ein Frisch-Zitat an: *Sowie er merkte, daß man bei mir nicht landet mit Malerei und Theater und Derartigem,*[3] *redete er kaufmännisch* (Faber 115). Nach Duden kann also die Sprache Frischs binnendeutsche Umgangssprache repräsentieren, die nicht hochsprachliche Sprachform des gesprochenen und saloppen Hochdeutsch.

Imitiert Max Frisch einfach binnendeutsche Umgangssprache?

Tut er dies zum Beispiel, wenn er im „Stiller" schreibt: *Wenn er Verbrecher hören will, muß er ins Kino laufen (so sagt er) wie jeder andere* (Stiller 30)? Ein deutscher Leser würde da kaum etwas Mundartliches vermuten;[4] *laufen* für *gehen* ist hier zwar nicht gerade hochsprachlich, aber durchaus möglich in binnendeutscher Umgangssprache. Denkt Max Frisch beim Wort *laufen* in diesem „Stiller"-Satz an die schweizerdeutsche Mundart oder an die deutsche Umgangssprache? Er sagt: das sei natürlich eindeutig Mundart, gemeint sei *gehen.* Würde er in der Mundart also *lauffe* sagen? *wän er verbrächer will ghööre mues er is kino lauffe:* nein, komischerweise gehe in der Mundart *lauffe* da gar nicht, in der Mundart würde er sagen *is kino gaa.* Die Wendung *ins Kino laufen* hat keine Mundartdeckung, wohl aber eine Deckung in der binnendeutschen Umgangssprache. Doch Max Frisch hat nicht das Gefühl, daß er deutsche Umgangssprache imitiert, vielmehr will er schweizerische Mundart imitieren, vom Deutschschweizer Knobel ist die Rede, und der Einschub *(so sagt er)* soll die Wendung *ins Kino laufen* ausdrücklich als mundartlich deklarieren.

Frisch schreibt etwas Saloppes, wie es in binnendeutscher Umgangssprache möglich ist, und hat dabei das Gefühl, es sei mundartlich, obwohl man in der schweizerdeutschen Mundart gar nicht so sagen würde.

---

[3] Duden zitiert — nach einer späteren Ausgabe — *mit derartigem* (statt *mit Derartigem*).

[4] Keinem von fünf Deutschen, die ich den „Stiller" auf Helvetismen durchlesen ließ, ist an dieser Stelle etwas aufgefallen.

Wenn Max Frisch das Gefühl hat, er habe in „Andorra" mehr und bewußter als früher Mundartliches forciert, so betrifft das Mundartliche anscheinend auch den Zug zum saloppen (nicht salonfähigen) Ausdruck.

Woher kommt das?

Hochdeutsch hat Frisch erst in der Schule gelernt. Und es ist klar, daß in der Schule nicht die groben Ausdrücke gelehrt werden. Als Kind kennt man die groben Ausdrücke (*säich*, *chäib* usw.) nur von der Mundart her. In der Schule lernt man nun, daß man in vielen Fällen den Mundartausdruck nicht schreiben darf, weil er im Hochdeutschen grob ist. In der Mundart sagt man *muul*, im Aufsatz wird aber *Maul* vom Lehrer angestrichen, man muß *Mund* schreiben. Für *dräckig* muß man *schmutzig* schreiben. Schüler untereinander sagen vielleicht *hocke*, aber *hocken* dürfen sie nicht schreiben. Der Schüler lernt so in jedem Fall, daß er im Hochdeutschen die groben Wörter zu meiden hat.

Sei es, daß der Mundartausdruck erst im Hochdeutschen grob wird.

Wenn er den Mundartausdruck *schnuufe* ins Hochdeutsche übernehme, sagt Frisch, so werde er sofort gröber. In der Mundart sagt man allgemein *schnuufe* für *atmen*, während das hochdeutsche *schnaufen* speziell das geräuschvolle Atmen, häufig infolge einer Anstrengung (vgl. Synonym-Duden S. 71), meint. — Der Ausdruck *Mund* fehlt in der Mundart, man sagt *muul* — im Hochdeutschen gilt *Maul* als derb (Synonym-Duden S. 461). — In der Schule lernt man, daß man *gehen* für *lauffe* schreiben muß, *laufen* für *springe*, *springen* für *gumpe*: jedesmal steht der Ausdruck im Hochdeutschen für den intensiveren (und in diesem Sinn gröberen) Bewegungsvorgang.

Sei es, daß der Ausdruck schon in der Mundart grob ist.

In der Kindheit, berichtet Frisch, habe er zu seinem Bruder nicht sagen dürfen *so hock jetz an tisch*, er habe *sitze* sagen müssen, *hocke* sei wie *säich* und *chäib* „e wüeschts woort" gewesen. Die Ausdrücke *gaffen* (Andorra 201), *herabsauen* (203), *scheißen* (214), *grinsen* (239), *saufen* (241), *Blödian* (252), *Weiber* (260), *zur Sau machen* (261), *anschnauzen* (302) usw., die die Sprechweise der Andorraner salopp machen, sind auch in der Mundart grob. Speziell schweizerisch sind sie nicht, alle diese Ausdrücke kommen auch in Deutschland vor. Es sind jedoch hochdeutsche Wörter, die man nicht in der Schule gelernt hat.

Auch in Deutschland lernt man in der Schule, daß man grobe Ausdrücke nicht schreiben darf. Aber für das Schweizer Kind ist der Gegensatz zwischen vulgärer und salonfähiger Sprache nicht eine intern hochdeutsche Angelegenheit, der Gegensatz verteilt sich von der Schule her auf zwei grammatisch deutlich geschiedene Sprachformen: auf die Mundart, in der es auch grobe Wörter gibt, und auf das Hochdeutsche, in dem nur salonfähige Wörter vorkommen. Objektiv mag Frisch binnendeutsche Umgangssprache präsentieren, subjektiv bedarf er dazu sehr oft des Mundartanstoßes. Wenn Frisch salopp, vulgär, grob schreibt, entfernt er sich vom Hochdeutschen, wie er es in der Schule gelernt hat (und wie es die Senora spricht) und riskiert dabei subjektiv, nicht „richtiges" Hochdeutsch zu schreiben, sondern, da er die groben Ausdrücke lange Zeit nur von der Mundart her kannte, ein mundartlich gefärbtes Hochdeutsch. Die Sprache von „Andorra" sei forciert mundartlich: tatsächlich sind in „Andorra" die groben Ausdrücke zahlreicher als in irgendeinem anderen seiner Werke.

Das salonfähige Schulhochdeutsch als unterschwellige, aber heute noch wirksame Vorstellung vom Hochdeutschen schlechthin. Sicher hat Max Frisch im Gespräch mit Deutschen das Wort *verschnaufen* schon einmal gehört, oder es ist ihm begegnet, daß man in binnendeutscher Umgangssprache *laufen* für *gehen* sagen kann, *ich will doch nicht immer ins Kino laufen* zum Beispiel. Aber nicht nur, daß er den Ausdruck *verschnaufen* und die Wendung *ins Kino laufen* (obwohl sie keine Mundartdeckung hat) unter Mundartverdacht stellt. Es kann sogar so sein, daß nur etwas Mundartfernes mit Deckung in binnendeutscher Umgangssprache Frisch die Möglichkeit gibt, im Spielraum des Hochdeutschen (für den Schweizer Leser) mundartlich zu wirken. In der Schule lernt man, daß man für mundartlich *lauffe* hochdeutsch *gehen* schreiben muß (doch entspricht nicht umgekehrt jedem hochdeutschen *gehen* ein schweizerdeutsches *lauffe*). Wenn Frisch im „Stiller" mit *laufen* zeigen will, daß Knobel Mundart spricht, muß er es in einer Wendung bringen, die den Laufschritt eindeutig ausschließt: Knobel geht nicht im Laufschritt ins Kino — wogegen etwa im Satz *er ist weggelaufen*, direkt umgesetzt aus dem Mundartsatz *er isch ewäg gloffe*, der mundartliche Sinn des Ausdrucks *laufen* nicht gewährleistet wäre.

Nach der Schule ist es die Literatur, die Max Frischs Vorstellung vom Hochdeutschen als der salonfähigen Hochsprache weiter bestärkt. Die Literatur sei damals (während der Zeit, da der Kontakt mit Deutschen selten war) ziemlich prüde gewesen, erinnert sich Frisch, heute sei ja alles stubenrein, glücklicherweise.

In Santa Cruz fahren keine Autos

Die Sprache Max Frischs mit ihrem Zug zum Saloppen realisiert sich in der Abweichung zur Vorstellung des Hochdeutschen als der gehobenen Literatursprache. Würde Frisch selbst seine Sprache also gar nicht als Literatursprache bezeichnen? — Das doch nicht, er glaube, daß sie starke

Färbungen vom Literatursprachlichen her habe, früher, in den ersten Romanen vor allem, wohl noch stärker als heute.

In einer NZZ-Rezension von Eduard Korrodi[5] heißt es 1944 zum Roman „J'adore ce qui me brûle oder Die Schwierigen": „Der Roman ist in jenem Deutsch geschrieben, das man dichterisch heißt, und dem zu begegnen ein reiner Glücksfall ist."

Duden gibt Frisch-Zitate nicht nur zum Beleg von etwas Umgangssprachlichem, Saloppem, sondern auch zum Beleg von etwas Dichterischem, Gehobenem. Wenn überhaupt, komme *dieweil* meistens nur in dichterischer oder altertümelnder Sprache vor — dazu gibt Duden (Hauptschwierigkeiten S. 165) ein Frisch-Zitat aus dem Stück „Santa Cruz": *Die Kinderlein schlafen in einem Gemüsekorb, dieweil wir oft die halbe Nacht lang schwatzen* (Cruz 21).

Was fällt Frisch heute in diesem Satz aus der Romanze „Santa Cruz" auf?

Zunächst das *dieweil*. Es gebe dem Satz das Altertümelnde, so etwas Kostümhaftes. Dann *Kinderlein* wegen des Diminutivs, sonst wäre es *Kinderchen*, das sei natürlich so ein Nachahmungsversuch einer volksliedhaften Sprache, eines Balladentons, der gar nicht irgendwo angesiedelt sei, damals angestrebt habe er eine etwas antiquierte und romantisierende Sprache.

Die Sprachwelt von „Santa Cruz" paßt zu der Vorstellung Literatursprache. Aber was heißt Literatursprache? Welche Autoren würde Frisch als Repräsentanten für Literatursprache bezeichnen? Er nennt, von den neueren, Thomas Mann, der für ihn nicht ein sehr wichtiger Autor gewesen sei, dann Broch, Musil, wieder anders Hofmannsthal („Santa Cruz" habe ziemlich viel mit ihm zu tun). Ist mit diesen Namen die für Frisch wirksame Vorstellung Literatursprache umrissen, nach der er sich beim Schreiben — positiv oder negativ — richtet? Entschieden verneint Max Frisch. Ist vielleicht die Vorstellung Literatursprache etwas, was gar nicht an bestimmte Namen gebunden ist?

Daß sie heute noch wirksam ist, auch positiv, zeigen nur in „dichterischer" Sprache mögliche Wörter, die Frisch in seinen späteren Romanen auch noch verwendet. Im „Stiller" schreibt er etwa *allenthalben* für *überall* (z. B. Stiller 346: *die vollen Aschenbecher allenthalben*), *nimmer* für *nie* (Stiller 441: *ein Wissen zu tragen, das ich nimmer beweisen oder auch nur sagen kann*), *so* für *wenn* (Stiller 485: *warum sie, so sie mich wirklich liebt, kein Geständnis von mir braucht*), *allerenden* für *überall* (Stiller 492: *großartige Stipendien allerenden*), *selbander* für *zu zweit* (Stiller

---

[5] „Neue Zürcher Zeitung" vom 2. 4. 1944.

168: *als sie selbander die erwünschte Musik hörten)* usw. — Dazu sagt Max Frisch: es gebe so ein paar Wörter, die er aus älteren Texten furchtbar gern habe und sich dann einfach angewöhnt habe. Was sind das für ältere Texte, sind sie es, die seine Vorstellung von Literatursprache prägen? — Ja. Aber er wüßte den Ort (bestimmte Autoren) nicht anzugeben.

Bestimmte Autoren anzugeben wäre müßig. Literatursprache ist eine Vorstellung, die sich bildet aus vagen Assoziationen an Bibelsprache, vielleicht an Goethe, Schiller, Shakespeare-Übersetzung, aber noch viel eher an romantische Balladen, an anonyme Volkslieder und Märchen usw. Jedenfalls ist Literatursprache etwas Antiquiertes, Archaisches.

In der Welt von „Santa Cruz" gibt es keine Autos, kein Radio, dafür ein Schloß und einen Rittmeister. Heute mag Frisch diese Welt nicht mehr, sie ist ihm zu belletristisch. „Santa Cruz" ist eine Romanze, abseits vom zivilisierten Alltag. Mundartnähe braucht nicht alltäglich zu wirken. Das Diminutivsufix *-lein (Schifflein)* steht formal dem schweizerdeutschen *-li (schiffli)* näher als das Diminutivsuffix *-chen.* Die mundartnahen Diminutive jedoch in „Santa Cruz", *Kinderlein* (21), *Schifflein* (40), *Tierlein* (59), wollen vom Alltäglichen gerade wegführen, sie stilisieren, romantisieren. Auch Andorra liegt abseits der modernen Zivilisation. Die Sprache von „Andorra" ist in vielem mundartnah, aber alltäglich, gewöhnlich kann man sie nicht nennen, auch sie soll anklingen an den Volksliedton, den Balladenton.

In der Sprachwelt von „Santa Cruz" widersprechen sich mundartnahe Elemente (z. B. die Diminutive auf *-lein*) und mundartferne Elemente (z. B. *dieweil*) nicht, sie entsprechen beide der gleichen stilistischen Absicht zur Archaisierung. Im Archaischen hat die schweizerdeutsche Mundart einen gemeinsamen Zug mit der schweizerhochdeutschen Schriftsprache. Die schweizerdeutsche Mundart ist archaisch zum Beispiel im Bewahren der althochdeutsch-mittelhochdeutschen Monophthonge in *wyb, huus, hüüser* für neuhochdeutsch *Weib, Haus, Häuser.* Die schweizerhochdeutsche Schriftsprache ist in manchem archaisch gegenüber dem Binnendeutschen aus dem überkompensierenden Bestreben heraus, für besonders korrektes Hochdeutsch zu halten, was besonders altes (und deshalb gewähltes) Hochdeutsch ist. Etwa dann, wenn — nach Kaiser (*»fragen«*) — in der schweizerhochdeutschen Schriftsprache die stark konjugierten Formen von *fragen* (er *frägt,* er *frug* für er *fragt,* er *fragte*) noch auffallend häufig vorkommen. Es sind ursprünglich niederdeutsche Dialektformen, die dann durch die vielgelesenen Autoren der zweiten Hälfte des 19. Jahrhunderts (Fontane, Freytag, P. Heyse, Scheffel, Strom — vgl. Kaiser *»fragen«*) vorübergehend übers ganze deutsche Sprachgebiet verbreitet wurden, heute aber veraltet sind. Nur in der Schweiz, dem sprachlichen

Außengebiet, hat sich die vorübergehende Mode länger gehalten. (Auch Max Frisch gebraucht diese altmodischen Formen, allerdings nur in seiner frühen Erzählung „Antwort aus der Stille" von 1937, wo sie dafür die Regel sind.)

Zwar ist Mundart gewöhnlich. Aber wenn Max Frisch Mundartliches ins Hochdeutsche übernimmt, kann das Gewöhnliche ins Ungewöhnliche, ins Literarische umschlagen. Im Hochdeutschen nimmt sich forcierte Mundartlichkeit kaum gewöhnlich aus, viel eher gewöhnlich wirkt es, wenn Max Frisch innerhalb des Bereichs bleibt, wo sich Schweizerdeutsch und Hochdeutsch im Wortmaterial decken. Sowohl das forciert Mundartliche wie das Superhochdeutsche sind Randzonen. Nicht überall gehen Mundart und Schriftsprache auseinander, ganz im Deckungsbereich von Mundartnähe und gängistem Hochdeutsch liegen diese eben deshalb gewöhnlich wirkenden Sätze aus dem Lehrstück ohne Lehre „Biedermann und die Brandstifter" (126):

Dachboden / Eisenring singt Lili Marlen, dann klopft es an die Tür. / Eisenring: *Herein!* / Er pfeift weiter, aber niemand tritt ein. / *Herein!* / Eintritt Biedermann, hemdärmelig, die Zigarre in der Hand. / Eisenring: *Morgen, Herr Biedermann!* / Biedermann: *Sie gestatten?* / Eisenring: *Wie haben Sie geschlafen?* / Biedermann: *Danke, miserabel.* / Eisenring: *Ich auch. Wir haben Föhn ...* / Er arbeitet weiter mit Schnur und Haspel. / Biedermann: *Ich möchte nicht stören.* / Eisenring: *Aber bitte, Herr Biedermann, Sie sind hier zu Haus.*

Das ist alles denkbar billigstes Sprachmaterial und bestimmt nicht „dichterisch". Und genau deshalb ist es für Frisch auch schwieriger. Das Hochdeutsche in der Vorstellung Literatursprache liegt Frisch näher, sei es als mundartfernes Superhochdeutsch, sei es als mundartlich romantisierender Balladenton. Das scheinbar Selbstverständliche des Gewöhnlichen ist beim Schreiben gerade nicht selbstverständlich. Auch das scheinbar Gewöhnliche ist kalkuliert. Jemand klopft und der andere sagt *Herein* — etwas durchaus Alltägliches, doch der Witz liegt darin, daß Biedermann in seinem eigenen Haus um Einlaß bitten muß und sich erst beim zweiten *Herein* hineingetraut. — *Wie haben Sie geschlafen?* ist die Frage des Gastherrn an den Gast: aber Biedermann, der so gefragt wird, ist nicht Gast, sondern der Gastherr (die Rollen sind vertauscht). — Man redet übers Wetter, billiger scheint es nicht zu gehen, *Wir haben Föhn*: Föhn ist für die Brandstiftung überaus günstig. — Dann die unverbindliche Verlegenheitsfloskel *Ich möchte nicht stören*: Biedermann stört die Brandstifter tatsächlich nicht, im Gegenteil, im nächsten Moment wird er Eisenring beim Messen der Zündschnur behilflich sein.

Doch auch im Lehrstück „Biedermann und die Brandstifter" fehlt
das literatursprachliche Element nicht. Der Chor der Feuerwehrleute ist
geschrieben in einer extrem dichterischen Form: nach dem Muster des
Sophokleischen Chorlieds.

Romantisch, ironisch

Soll der Chor der Feuerwehrleute im Stück „Biedermann und die
Brandstifter" auch romantisieren, idyllisieren? Sicher nicht. Max Frisch
schreibt im Tagebuch: „Das allermeiste, was sich für Poesie hält, wird zur
krassen Ironie, wenn ich es nur einen einzigen Tag lang mit meinem Leben
konfrontiere" (Tagebuch 223). Ein Chor, bestehend aus den Mannen
der Feuerwehr, der vortritt in der Art des antiken Chors (so die Regieanweisung Biedermann 89) und im gehobenen Sprachstil des Sophokleischen Chorlieds spricht (*Bürger der Vaterstadt, seht / Wächter der
Vaterstadt uns, / Spähend, / Horchend, / Freundlichgesinnte dem freund-
lichen Bürger — / Der uns ja schließlich bezahlt* usw. Biedermann 89):
wenn das Feierlich-Getragene so konfrontiert wird mit dem Banalen,
muß es unweigerlich in böse Ironie umschlagen.

Zum Wort *selbander*, vorgelegt ohne Textzusammenhang, sagt
Frisch: es sei bewußte Archaisierung, er würde es vielleicht sagen von
einem Paar, nachdem es einen großen Streit gegeben hat, nachdem er
sie betrogen hat oder umgekehrt: *gehen sie selbander auf die Reise.*
Könnte er das Wort heute also nur noch ironisch verwenden? Ja, in seinem heutigen Vokabular sei es wohl nur noch ironisch denkbar. Aber
er kann sich gut vorstellen, daß er das gleiche Wort früher auch in einem
unironischen, „ernsthaften" Sinn hätte verwenden können — und erst
jetzt, nachträglich, besinnt er sich auf den ernsthaft gemeinten romanti-
sierenden Wert des Wortes: er findet *selbander* ein schönes Wort, herrlich
vom Klang her und in der Durchdringung von *selbst* und *ander*.

Aus der Konfrontation des Gehobenen mit dem Gewöhnlichen kann
Ironie hervorgehen. *selbander* kann „an sich" ein herrliches Wort sein —
in Frischs heutigem Vokabular ist es nur noch ironisch möglich. Ironie
besteht nicht an sich. Wörter wie *selbander, dieweil, allerenden* sind nicht
schon an sich ironisch. An sich ist ihr Wert ambivalent. Heute mag für
Frisch ihr ironischer Wert im Vordergrund stehen, doch in der Sprachwelt von „Santa Cruz" (zum Beispiel) ironisiert ein *dieweil* nicht, es
romantisiert. Diminutive auf *-lein* idyllisieren in „Santa Cruz", in der
frühen Erzählung „Bin oder Die Reise nach Peking" (*Der erste, der uns
jenseits der chinesischen Mauer begegnete, war ein kleines Männlein aus
braunem Sandstein 18 / Ich hatte noch eine Zigarette geraucht, draußen
auf dem winzigen Balkönlein 47 / ein Karussell drehte, ein Kreis von*

hölzernen Rößlein 50 usw.) — in „Gantenbein" dagegen nehmen sie sich ironisch aus, etwa wenn es heißt (Gantenbein erzählt Camilla die Geschichte von der Leiche, die sich bei der Helmhausbrücke verfangen hat) *ein Idyll mit Entlein bunt wie aus Glanzpapier, dazu die weiße Würde der Schwäne, darüber das Großmünster, Karl der Große mit Möwen auf der Krone, Elfuhrgeläute* ... *dort also hatte er sich verfangen* (Gantenbein 488), oder Kaiser verweist auf das ironisch eine ganze Szene im „Stiller" beherrschende *Täßlein* (Stiller 368, 369), eine Diminutivform, „die, im bürgerlichen Rahmen einer nachmittäglichen Kaffeestunde, aber vor dem Hintergrund eines ehelichen Wort- und Gedankenstreites geradezu unschicklich, weil lächerlich gespreizt wirkt" (Kaiser Abschnitt *»Diminutive«*) (schließlich fliegt das *Täßlein* an die Wand: Stiller 380).

Es wäre also so, daß das gleiche Sprachmaterial je nachdem romantisch oder ironisch wirken könnte. Je nach der Sprachwelt. Und da die frühen Werke vorzugsweise in einer archaischen Sprachwelt spielen („Santa Cruz"), in einer exotischen (das ziemlich schwärmerische Griechenland von „Jürg Reinhart") oder in einer verträumt-ländlichen (etwa die Pfannenstil-Episoden in „J'adore ce qui me brûle") Sprachwelt, könnte hier das Dichterische noch eher „ernsthaft" romantisierend gemeint sein als in der zwar zum Teil recht internationalen, aber doch meist nüchtern gesehenen und deshalb gewöhnlichen Sprachwelt der späteren Romane.

Fehlt die Ironie im frühen Werk?

Ganz dichterisch tönen diese Sätze in der Erzählung „Bin oder Die Reise nach Peking": *O Wein, man trinkt dich wie die Sonne und prickelnden Schaum, Funken von Laune, nichts weiter, und nachher, unversehens, sind wir trunken, heiter vom Tiefsinn deiner lächelnden Schwermut; wir wanken, wir singen durch Gassen, laut, daß es hallt, oder wir zanken. Immerzu, leise wie eine Glocke aus Glas, weint es in uns. Lange noch, lange noch! Man trinkt dich, o Wein, nichts leichter als das* ... — nichts würde darauf deuten, daß dies nicht ganz ernsthaft romantisch gemeint ist, wenn es am Schluß des Abschnitts nicht heißen würde: *Mit anderen Worten: Ein wenig soff er wohl auch* (Bin 101). Dieser Satz entlarvt das Dichterische als Pose.

Ironie fehlt also auch in Frischs frühem Werk nicht, auch da schon wird das Gehobene gegen das Gewöhnliche ausgespielt. Was liegt dann dem von Max Frisch selbst so stark empfundenen Unterschied zwischen den frühen und den späteren Werken zugrunde?

Der Unterschied ist quantitativ. Es ist etwas anderes, ob eine dichterisch angehobene Sprache, ein hymnischer Passus an den Wein, durch das platte Wort *saufen* nachträglich desillusioniert wird, oder ob in einem ziemlich trockenen Bericht über einen Leichenfund in der Limmat mit romantischer *lein*-Form Idyllik vorgezaubert wird. Im einen Fall ist der Grundton gehoben, der Nebenton gewöhnlich — im anderen ist der Grundton gewöhnlich, der Nebenton gehoben. Quantitativ hat sich der Anteil an dichterisch gehobener Sprache verringert — qualitativ geblieben ist der Wechsel zwischen dem Gehobenen und dem Gewöhnlichen. Diesen Ebenenwechsel gebe es bei ihm immer wieder, sagt Max Frisch, immer wieder habe er Lust dazu.

Jedes Wort ist wahr und falsch

Gegenüber den frühen Romanen und Erzählungen hat sich in Frischs späteren Romanen der Anteil an dichterisch gehobener Sprache verringert und der Anteil an umgangssprachlich salopper Sprache vergrößert. Ein Faber (der Roman ist in der Ich-Form geschrieben), Techniker, der sich nicht auf romantische Gefühle einlassen will, kann nicht eine dichterisch gehobene Sprache von sich geben. Hanna, die frühere Freundin von Faber, ist Archäologin, Faber sagt *Götter gehören zu ihrem job* (Faber 201) — Frisch meint dazu: der umständliche Sinn dieses Satzes sei *die Beschäftigung mit Göttern* oder *die Kenntnis der Götter gehört zu ihrem Beruf,* eine solche Aussage werde nun in der vom Autor gepflegten Sprachverrottung so verknappt, daß sie gerade noch verständlich sei, die Verknappung könne im „Homo faber" bis zur Unkorrektheit gehen — dann der Modejargon, für den Faber-Typ sei *job* ein absolut richtiges Wort, weder abschätzig noch spöttisch, einem Faber falle auch der Gegensatz zwischen *Götter* und *job* nicht sehr auf, dem Leser hingegen soll er auffallen.

Ironie besteht nicht an sich. Das Saloppe besteht nicht an sich. Was für Faber normal ist, soll ihn für den Leser entlarven, vielleicht gerade, weil der Leser in einem Roman dichterische Sprache erwartet.

Wenn Max Frisch salopp schreibt, tut er dies nicht, weil er nicht anders kann, im Gegenteil, von seiner Vorstellung des Hochdeutschen her liegt ihm das Dichterische näher, zum Saloppen ist er erst über den Umweg des Dichterischen gekommen — sondern der saloppe, schnoddrige Jargon eines Faber ist eingesetzt zu dessen Demaskierung. Das Saloppe und Abschätzige bringt nicht Frischs persönliche Einstellung einer Sache gegenüber zum Ausdruck, sondern die negative oder positive sprachliche Wertung einer Sache charakterisiert indirekt die Person, die sich zur Rede bringt oder von der die Rede ist. *Tea-Room* und *Snackbar* zum Beispiel sind Einrichtungen, die Frisch persönlich schon vom Wort her nicht gefallen. Heute würde er diese Wörter eventuell trotzdem gebrauchen, sagt er, um damit indirekt eine Person zu charakterisieren, anzudeuten, ob sie das Wort *Snackbar* gern sagt oder sich dagegen sträubt, ob sie es vielleicht ganz doof falsch ausspricht oder schon fast ironisch gebraucht — das würde er heute mehr machen als früher. — Er tut dies schon im „Stiller", zum Beispiel dort, wo Sibylle ihren Gatten verlassen hat und nach Pontresina gereist ist (Stiller 390): *Sibylle plapperte wie ein Backfisch: von einem ‚himmlischen' Tänzer, jaja, der Franzose, von ‚toller' Stimmung, ihr Zimmer war ‚süß', die Piste war ‚maximal', ach nein, nicht nur der Franzose wollte sie heiraten, eigentlich alle, eine ‚fidele Bande', wirklich, und ihr Ski-Lehrer, ein Bündner, war ‚einfach goldig'.* Frisch zitiert Sibylle in ihrem Backfischjargon, um damit ihre gegenwärtige Verfassung zu illustrieren: *vor nichts hatte Sibylle jetzt solche Angst wie vor ihren wirklichen Gefühlen* (Stiller 391).

Max Frisch kann zitieren, auch ohne daß er Anführungszeichen setzt.

Die bei Frisch — vor allem im „Stiller" — zahlreichen Bildungen auf -*erei*, also negativ wertende Wörter wie *Reinemacherei* (Stiller 42), *Brüllerei* (86), *Seiferei* (110), *Zecherei* (119), *Flirterei* (132), *Sportlerei* (141) usw., können Zitate ohne Anführungszeichen sein. Die Ehe Stillers mit Julika ist unglücklich. Wenn es im „Stiller" heißt *Hatte Stiller denn recht, der, etwas neidisch auf ihren Erfolg, ihre Tanzerei stets als einen Ersatz betrachtet hatte* (Stiller 168–9), so wird der Beruf Julikas — sie ist Balletteuse — mit *Tanzerei* negativ gewertet aus der Sicht von Stiller — umgekehrt wird mit *Erzählerei* negativ gewertet aus der Sicht von Julika, wenn es heißt *Julika hatte sie immer schon gehaßt, diese Erzählerei von Träumen* (Stiller 187). Zitiert werden gewissermaßen die gegenseitigen Vorwürfe des Ehepaars Stiller (Du mit deiner Tanzerei / Und du mit deiner Erzählerei).

„Jedes Wort ist falsch und wahr, das ist das Wesen des Worts", steht im „Stiller" (230). *Tanzerei* ist in der Perspektive von Stiller wahr, in der Perspektive von Julika falsch usw.

Bei den negativ wertenden Bildungen auf -*erei* denkt Max Frisch spontan an die Mundart, er erinnert sich, daß sie in der Mundart häufig sind. Sicher sind *Flirterei*, *Sportlerei* Wörter, die er nicht aus gehobener Literatursprache übernehmen konnte. Mundart ist die Sprache, die Frisch nur vom Alltag her kennt. Wenn er diese Bildungen mit der Mundart assoziiert, so zeigt das, wie sehr die negative (oder positive) sprachliche Wertung mit der Sprache des Alltags zu tun hat. Im Alltag stellt man meist nicht nur objektiv fest, sondern unbewußt will man auch seine subjektive Stellung dazu zum Ausdruck bringen. Wenn jemand *Sauerei* sagt, so braucht das nicht zu heißen, daß etwas objektiv eine Sauerei ist (das ließe sich schwer feststellen), es ist eine Sauerei meist nur subjektiv aus der Sicht des Sprechers. Und solche subjektiven Wertungen sind in der Alltagssprache so selbstverständlich, daß sie eben deshalb kaum mehr bemerkt werden. Im „Stiller" kommt das positiv wertende Wort *duften* neunmal vor, das negativ wertende Wort *stinken* zehnmal — das neutrale Wort *riechen*[6] nur siebenmal. Statt zu schreiben, daß es nach Schwefel *stinke* (Stiller 59), könnte Frisch neutral schreiben, daß es nach Schwefel *rieche* — wenn er den (positiv oder negativ) wertenden Wörtern den Vorzug gibt, ist das objektiv ein informationeller Luxus, doch Frisch will eben auch subjektiv informieren. Ob eine Zigarre *duften* kann (Stiller 91), ist eine subjektive Ansichtssache. Max Frisch informiert subjektiv aus der Perspektive von Stiller. Er legt die Aufzeichnungen vor, die Stiller in der Untersuchungshaft geschrieben haben soll. Und Stiller, der es abstreitet, Stiller zu sein, und sich als Mister White ausgibt, simuliert seinerseits, daß er aus der Perspektive von White schreibt. Und als White schreibt er aus der Perspektive von Julika, wenn er protokolliert, was ihm Julika während ihrer Gefängnisbesuche über ihre Ehe mit Stiller erzählt hat. Die gleiche Szene (Sibylle sucht ihren Gatten in seinem Büro auf, bevor sie nach Pontresina verreist) kommt zweimal vor, zuerst aus der Perspektive des Gatten (Stiller 305—306), dann aus der Perspektive von Sibylle (Stiller 381—388): beidemal protokolliert von Stiller, der sich als Mister White ausgibt. Und so weiter. Sprachliche Wertung ist subjektiv, Alltagssprache wertet oft ungeniert und meist unbewußt positiv oder negativ — Max Frisch fängt eine fiktive Realität ein in den Brechungen verschiedener subjektiver Perspektiven, indem er die Personen in ihrer emotionellen Alltagssprache reden läßt, auch ohne daß er Anführungszeichen setzt. — Umgekehrt kann oft nur die sprachliche Emotion, zum Beispiel das Wort *Tanzerei*, anzeigen, in welcher Perspektive gerade erzählt wird, die Perspektive kann wechseln, ohne daß es ausdrücklich vermerkt wird.

Sprachscheu

Um über sich selbst schreiben zu können, muß sich Stiller als Fremder ausgeben, als Mister White. Nur als Mister White vermag er den verschiedenen Perspektiven gerecht zu werden. White heißt *weiß*.

Im Tagebuch schreibt Frisch: „Was wichtig ist: das Unsagbare, das *Weiße* zwischen den Worten, und immer reden diese Worte von Nebensachen, die wir eigentlich nicht meinen. Unser Anliegen, das eigentliche, läßt sich bestenfalls umschreiben, und das heißt ganz wörtlich: man schreibt darum herum. Man umstellt es. Man gibt Aussagen, die nie unser eigentliches Erlebnis enthalten, das unsagbar bleibt; sie können es nur

---

[6] Gezählt wurde selbstverständlich nur das intransitive *riechen*.

umgrenzen, möglichst nahe und genau, und das Eigentliche, das Unsagbare, erscheint bestenfalls als Spannung zwischen diesen Aussagen" (Tagebuch 42).

Genau das geschieht im „Stiller": das eigentliche Erlebnis wird umschrieben vom angeblich fremden („weißen") Mister White, der verschiedene Aussagen scheinbar unbeteiligt zusammenträgt. Mit dieser Sprachskepsis hängt es zusammen, daß Max Frisch sich vom Dichterischen entfernt und seine Sprache dem Gesprochenen, dem Gewöhnlichen annähert. Es sei sehr stark „e gredti schrybi« (eine gesprochene Schreibe), was er geben wolle, sagt Frisch. Gesprochene Sprache ergeht sich gern in Nachträgen, die eine Aussage ergänzen und modifizieren, man sagt etwas und merkt dann, daß das Gesagte etwas nach sich zieht. Frisch imitiert die lockere und assoziative Syntax gesprochener Sprache, um damit zu zeigen, daß das „Eigentliche" nur im Improvisierten, Beiläufigen, Ungefähren, Nebensächlichen umschrieben werden kann. Er liebt Wörter von der Sorte *allerdings, jedenfalls, einigermaßen, immerhin*, Wörter also mit einschränkender oder einräumender Funktion. Davon finden sich auf den ersten Seiten im „Stiller":

> *immerhin* (Stiller 9: *es brauche nicht die allererste Marke zu sein, immerhin eine trinkbare*) / *zumindest* (9: *es wird nichts dabei herauskommen, zumindest nichts Wahres* — auch 16) / *einigermaßen* (11: *beflissen, seine dunkelblaue Mütze mit Schweizerkreuz-Wäppchen wenigstens einigermaßen abzustauben*) / *jedenfalls* (14: *ich will Sie nicht länger aufhalten, jedenfalls danke ich Ihnen für Ihre Auskünfte* — auch 21, 23, 25, 26). Usw.

Ja, diese Wörter habe er gern, sagt Max Frisch. Er glaube (erst jetzt denke er darüber nach), daß sie einer Tendenz entsprechen, die Aussage abzufedern, abzumildern. Mit solchen Wörtern baue er gewissermaßen die Skepsis ein. Er vertrage es nicht, wenn eine Aussage (das Statement) allzu stramm dasteht, und nehme dann — möglicherweise ziemlich leichtfertig oder pfuschig — eines dieser in der Gegend herumvagierenden Wörter, achte nicht sehr darauf welches, er brauche einfach eine gewisse Feder. — Er wolle also mit einem *allerdings* oder *einigermaßen* das Statement ins Understatement überführen? — Ja, das sei es.

Eine Stelle in „Gantenbein": *Dolf findet es schade, daß ich nicht in die Politik gehe, ausgesprochen schade. Wieso? Seine Behauptung, daß er mir dazu geraten habe, stimmt keineswegs, mindestens kann ich mich nicht daran erinnern* (Gantenbein 418). Gantenbein sagt *Seine Behauptung, daß er mir dazu geraten habe, stimmt keineswegs*: das wäre das Statement, eine eindeutige und entschiedene Aussage, und erst jetzt merkt der Sprecher, daß seine Aussage vielleicht nicht stimmt, möglicherweise gibt es Zeugen, die bestätigen können, daß Dolf ihm tatsächlich einmal angeraten hat, in die Politik zu gehen, also mildert Gantenbein seine Aussage ab, relativiert das *keineswegs* mit einem *mindestens*: *mindestens kann ich mich nicht daran erinnern.* Er macht die verbindliche Aussage unverbindlich, und das heißt: eigentlich interessiert es ihn gar nicht so sehr, ob Dolf ihm zu Politik geraten hat oder nicht, eigentlich ist es doch nebensächlich, es darf ruhig in der Schwebe bleiben. Daß Dolf es schade findet, wenn Gantenbein nicht in die Politik geht, ist an sich schmeichelhaft — Gantenbein fängt das Kompliment auf in betont lässigem Understatement.

Im Understatement meldet sich Sprachskepsis — vor allem aber Sprachscheu: Scheu vor dem Feierlichen, dem Pathetischen. (Sprachscheu ist etwas, was Walter Benjamin[7] bei Robert Walser als etwas typisch Schweizerisches empfindet.) Eine Rede in Hochdeutsch klingt feierlicher als eine Rede in Mundart. Max Frisch versucht, dem Hochdeutschen das Feierliche zu entziehen, ihm etwas von der Nüchternheit der Mundart mitzugeben. „*Was heißt Heimat?*" sagt Stiller auf die Phrase seines Verteidigers, es sei *bitter, die Heimat durch ein Gitter zu sehen* (Stiller 26). Es gibt Wörter, die so oft feierlich mißbraucht wurden, daß sie nichtssagend geworden sind.

Heimat ist für Frisch ein riskantes Wort. *Heimat ist unerläßlich,* schreibt er im Tagebuch, doch scheint er jetzt zu befürchten, das klinge schon zu pathetisch — er versucht, das Feierliche abzumildern, indem er fortfährt: *aber sie ist nicht an Ländereien gebunden* (Tagebuch 404).

Ist *Ländereien* in diesem Satz abschätzig gemeint? Merkwürdig, sagt Max Frisch, heute befremde es ihn. Es komme dadurch etwas unnötig Despektierliches hinein. Wenn jemand zwanzigmal mehr Land besitze als er, könne er von *Ländereien* sprechen (dann braucht es nicht abschätzig zu sein) — das sei aber im Tagebuchsatz nicht gemeint. Er könne sagen *diese Düsseldorfer Industriellen mit ihren Ländereien in der Schweiz* (dann ist *Ländereien* abschätzig) — aber auch so sei *Ländereien* hier nicht gemeint. Was Frisch gemeint hat, zeigt sich in seiner Büchner-Rede, wo er den Tagebuchsatz zitiert und so erläutert: *Wir sind also nicht heimatlos, indem wir vaterlandslos sind* (Öffentlichkeit 52). In der Büchner-Rede kommt auch das Wort *Vaterländerei*[8] vor (Öffentlichkeit 54), in der Bedeutung

---

[7] Walter Benjamin, Robert Walser, in: Illuminationen, Frankfurt a. M. 1961, S. 370—373.

[8] *Vaterländerei* ist eine Bildung, die — nach Adolf Bach, Geschichte der deutschen Sprache, Heidelberg 1965[8], § 217 — auch Friedrich Nietzsche aktualisiert.

von ‚Nationalismus'. Der Satz im Tagebuch müßte dem Sinn nach heißen: *Heimat ist unerläßlich, aber sie ist nicht an Vaterländer* (oder: *an Vater-ländereien*) *gebunden*. *Ländereien* hat er geschrieben, weil er sich einerseits vielleicht über diesen Zusammenhang noch nicht ganz klar war, andererseits aber unbedingt das Statement *Heimat ist unerläßlich* mit dem von der Mundart her geläufigen *erei*-Suffix aus dem Feierlichen herausholen und ins Understatement überführen wollte. *Ländereien* ist vom Sinn her falsch (Frisch nennt es eine Fehlleistung), einzig erklärlich aus der für nötig empfundenen Geste des Understatements.

In der Büchner-Rede heißt es auch: „Alles Lebendige hat es in sich, Widerspruch zu sein, es zersetzt die Ideologie, und wir brauchen uns infolgedessen nicht zu schämen, wenn man uns vorwirft, unsere Schriftstellerei sei zersetzend" (Öffentlichkeit 46). *Heimat* ist übrigens ein Ausdruck, der zwar in der Mundart vorkommt, aber *häimet* ist – bezeichnenderweise – ein aus dem Hochdeutschen entlehntes Mundartwort (Zürichdeutsches Wörterbuch S. 108). Mundart scheut sich vor Phrasen.

Das Feierliche unterspielen mit einer Sprache, die dem Gesprochenen, Salopp-Umgangssprachlichen nahe steht. Wenn Frisch jedoch im „Stiller" schreibt: *Sie ist ein heimliches Mädchen, das da wartet in der Hülle frau-licher Reife* (Stiller 89), oder wenn es heißt: *Doch in jener Minute, sie erinnerte sich noch heute sehr genau daran, war ihr, als verabschiedete sie sich von einer ganzen Welt, die allerdings keine war, von ihrer eigenen Welt mit den bläulichen Lichtfluten des Scheinwerfers, die sie, Julika, gleichsam über der Erdenschwere zu tragen nicht mehr vermochten* (Stiller 172) – ist das nicht fast schwülstig?

Wenn es in „Gantenbein" heißt: *Gesprächsweise alles aufs Spiel zu setzen, dieweil man Hummerbeine knackt, er kann es sich leisten* (Gantenbein 287). Ist hier das *dieweil* ironisch gemeint? Vielleicht. Vielleicht auch nicht.

Ironisch sinnvoll ist die sehr gespreizte Klammerstellung des satzwertigen Infinitivs im Satz *ein Oberkellner im Frack, der auf frischen Hummer hinzuweisen die Nettigkeit hatte* (Stiller 393): da parodiere er gewissermaßen den Oberkellner, sagt Max Frisch. – Aber die gleiche Wortstellung im Satz *zumal ich die zwecklose Verfolgung aufzugeben bereit war* (Gantenbein 11) hat für ihn heute nichts Zwingendes.

Einen Druckfehler vermutet Frisch im Satz *Ich kann Ihnen nicht erzählen, wie oft mir diese Frau verziehen, wie oft!* (Stiller 40): das sei verschrieben für *verziehen hat*, er glaube nicht, daß er das Hilfsverb absichtlich unterdrückt habe. Doch die altmodische (deshalb gewählte, gehobene) Unterdrückung des Hilfsverbs kommt bei Frisch gelegentlich auch sonst vor, im „Stiller" schon einige Seiten später: *Ob es die hundsföttische Hitze oder der Kinnhaken eines französischen Sergeanten gewesen* (statt: *gewesen war*), *was ihm kurz darauf das Bewußtsein nahm, kann ich nicht sagen* (Stiller 53).

Solche gehobenen, altmodischen, gespreizten Elemente fallen erst recht auf, wenn sie in einer Sprache vorkommen, die zum Gewöhnlichen, Gesprochenen, Saloppen tendiert. Wäre es nicht besser, wenn sie fehlen würden? — In „Gantenbein" (156—157) heißt es:

„Was ich im Theater gelernt habe:

Ein Schauspieler, der einen Hinkenden darzustellen hat, braucht nicht mit jedem Schritt zu hinken. Es genügt, im rechten Augenblick zu hinken. Je sparsamer, umso glaubhafter. Es kommt aber auf den rechten Augenblick an. Hinkt er nur dann, wenn er sich beobachtet weiß, wirkt er als Heuchler. Hinkt er immerzu, so vergessen wir's, daß er hinkt. Tut er aber manchmal, als hinke er ja gar nicht, und hinkt, sowie er allein ist, glauben wir es. Dies als Lehre. Ein hölzernes Bein, in Wirklichkeit, hinkt unablässig, doch bemerken wir es nicht unablässig, und dies ist es, was die Kunst der Verstellung wiederzugeben hat: die überraschenden Augenblicke, nur sie. Plötzlich daran erinnert, daß dieser Mann ja hinkt, sind wir beschämt, sein Übel vergessen zu haben, und durch Beschämung überzeugt, sodaß der Versteller eine ganze Weile nicht zu hinken braucht; er mag es sich jetzt bequem machen."

Darf man diese Beobachtung aus dem Theater übertragen auf die Sprache von Max Frisch? Wenn er salopp schreiben will, darf er nicht immer salopp schreiben: ja klar, sagt Frisch, wenn man dem Saloppen, dem sogenannten Saloppen, eine Kraft geben wolle, so dürfe es nur dosiert kommen, sonst habe er als Leser einfach das Gefühl, der könne nicht anders, „dem laufts halt äifach so use", man gewöhnt sich daran. Er habe dies einmal ausführlich einem Übersetzer darlegen müssen, an der englischen Übersetzung des „Gantenbein" habe er beanstandet, daß da alles auf eine mittelhohe, nicht gerade sophisticated, aber angehobene Literatursprache gebracht worden sei. Das sei fehl am Platz. Fehl am Platz wäre auch, wenn ein Übersetzer einfach alles durchslangen würde.

Erst das gehobene Superhochdeutsch, das bei Frisch vom Schriftlichen bis zum Schwülstigen gehen kann, gibt dem Gewöhnlichen, Umgangssprachlichen seine Kraft, löst beim Leser eine Erwartung von dichterischer Literatursprache aus, die dann enttäuscht wird. Man könne mit der Serviette kommen und mit dem Wort *Arschloch* enden, meint Frisch. Oder wie er es im Satz *Gantenbein, seit er nicht mehr den Blinden spielt, ist unmöglich* (Gantenbein 266) tut: das erste (die affektierte Klammerstellung des *seit*-Satzes) sei eine Attitüde, und mit dem anderen (der Wendung *ist unmöglich)* werde die Erwartung enttäuscht, die Maske fällt, man redet einfach drauf los. Das immer wieder. (Sprachscheu in dem Sinn, daß sich Max Frisch weder auf die Sprachebene des Gewöhnlichen noch auf die des Gehobenen ganz festlegen will.)

kollektiv / individuell

Das Hochdeutsche als Spielraum

Max Frisch empfindet die Mundart als Kollektivsprache, das Hochdeutsche als individuelle Sprache.

Dies könnte erstaunen. Warum empfindet Frisch nicht umgekehrt das Hochdeutsche als Kollektivsprache? Denn das Hochdeutsche hat als überregionale Gemeinsprache für ein viel größeres Kollektiv Geltung als die Mundart. Eine Erhebung der UNESCO hat ergeben, daß auf der Erde etwa hundert Millionen Menschen Hochdeutsch sprechen (nach Bach[1] § 200). Frischs Mundart dagegen ist an eine bestimmte Region gebunden, an die Region Zürich; der Kanton Zürich zählt etwa eine Million Einwohner. Sobald Max Frisch Mundart spricht, verrät er sich als Schweizer, oder noch genauer: als Zürcher — wenn er Hochdeutsch spricht, deutet (heute jedenfalls) kaum viel in Aussprache und Tonfall auf seine Herkunft. Auch könnte er, wenn er Mundart schreiben würde, zum vornherein nur mit einem schweizerischen Publikum rechnen, wogegen er, wenn er Hochdeutsch schreibt, das ganze deutsche Sprachgebiet erreicht.

Offenbar sind es nicht diese quantitativen Unterschiede, die Max Frisch die Mundart als etwas Kollektives und das Hochdeutsche als etwas Individuelles empfinden lassen, im Gegenteil. Offenbar geht es dabei eher um qualitative soziale Unterschiede zwischen Mundart und Schriftsprache.

Das quantitativ geringe Kollektiv, an das die Mundart gebunden ist, ist dafür qualitativ umfassend in seiner sozialen Zusammensetzung. Die schweizerdeutsche Mundart ist in ihrer Anwendung sozial nicht eingeschränkt; Max Frisch spricht Mundart in allen Gesellschaftsschichten (er spreche Mundart mit dem Trämler so gut wie mit dem Stadtrat und mit dem Sowieso). Und umgekehrt war für Frisch das für ein viel größeres Kollektiv geltende Hochdeutsch lange Zeit qualitativ beschränkt auf eine ganz bestimmte soziale Schicht: während der Hitlerzeit waren es ausschließlich Deutsche aus der gebildeten literarischen Schicht, mit denen Frisch Hochdeutsch sprechen konnte.

Heute jedoch, zwanzig Jahre nachher und nach häufigen Deutschlandaufenthalten, besteht für Max Frisch dieser qualitative soziale Unter-

---

[1] Adolf Bach, Geschichte der deutschen Sprache, Heidelberg 1965[8].

schied faktisch nicht mehr oder wenigstens nicht mehr so ausschließlich. Wenn sich Frisch in Deutschland aufhält, kann er Hochdeutsch grundsätzlich in allen Gesellschaftsschichten sprechen (in Berlin zum Beispiel spricht er Hochdeutsch nicht mehr nur mit Deutschen aus der literarischen Schicht, sondern auch mit einem deutschen Taxifahrer oder Zeitungsverkäufer oder Hotelportier). Nicht nur in der politischen Situation während der Hitlerzeit kann es begründet sein, daß Max Frisch heute noch das Gefühl hat, er spreche viel mehr in einer Kollektivsprache als in einer individuellen Sprache, wenn er anläßlich einer Diskussion in Mundart referiere. Der Grund dafür liegt tiefer: im Sprachlichen selbst.

Dies zeigt sich beim Fall *Tür / Türe*.
In der Mundart sagt Frisch *tüüre* (auf die Frage, wie er für französisch *porte* sage). Ob *tüür* in seiner Mundart auch möglich sei? Nein, er sage immer *tüüre*.

Und wie heißt das Wort im Hochdeutschen? Da sei er unsicher, sagt Frisch, er schwanke zwischen *Tür* und *Türe* und wisse nicht, welches die korrekte Form sei.

Korrekt ist die Kurzform *Tür*. *Türe* ist eine Nebenform, die von Kaiser als schweizerhochdeutsche Besonderheit aufgeführt wird (Kaiser »*Türe*«). Die Vollform ist also regional schweizerisch. Zwar gilt in der schweizerdeutschen Mundart die Vollform *tüüre* nicht ausschließlich. In anderen schweizerischen Mundarten sagt man *tüür*. Für Frisch ändert das nichts. In seinem Mundartkollektiv gilt allein die Form *tüüre*, während sich ihm im Hochdeutschen die Wahl stellt zwischen der mundartnahen Form *Türe* und der mundartfernen Form *Tür*. In Frischs Werken kommen beide Formen vor, was die von ihm selbst eingestandene Unsicherheit belegt. Immerhin nimmt Max Frisch an, daß er wahrscheinlich dazu neige, vor einem Vokal die Kurzform *Tür* zu wählen, um den Zusammenstoß zweier Vokale zu vermeiden. Er schreibe wahrscheinlich lieber *die Tür öffnete sich* und nur ungern *die Türe öffnete sich*. Er vermutet also, daß er eine individuelle Wahl trifft.

Glücklicherweise gibt es in „Gantenbein" eine in sich geschlossene Partie, wo auf kurzer Seitenzahl (Gantenbein 389—396) viermal die Form *Tür* und fünfmal die Form *Türe* vorkommt. Es ist die Geschichte, die später den Vorwurf für das Filmdrehbuch „Zürich — Transit" abgegeben hat. Da bestätigt sich nun die Vermutung Frischs nicht: zweimal folgt auf das Wort ein Vokal, das eine Mal heißt es zwar *Tür* (393: *was auch den Mann hinter der Tür interessierte*), das andere Mal aber *Türe* (396: *eine Türe im untern Stock*). Dafür zeigt sich etwas anderes. Die neun Belege verweisen nämlich auf rhythmische Rücksichten.

An den fünf Stellen, wo Frisch die Vollform *Türe* gewählt hat, ist die erste oder die zweite Silbe hinter dem Wort betont.

Im Satz *Es kamen immer noch mehr, in der Tat, mehr als es Sitzplätze gab; manche mußten in der Türe stehen* (Gantenbein 390) muß man die erste Silbe nach *Türe* sicher betonen, weil *stehen* im Gegensatz zu *sitzen* gemeint ist (die Sitzplätze reichen nicht für alle aus). Im Satz *wenn er sich durch die Türe gedrängt hätte* (390) trägt die an zweiter Stelle folgende Silbe *-drängt* einen Ton. Im Satz *Jeder wollte allen andern die Türe halten* (391) ist die nächste Silbe nach *Türe* (*hal-*) betont. Im Satz *Als dann jemand kam, war seine Türe verriegelt* (392) ist es die übernächste Silbe (*-rie-*). Im Satz *Aber dann hörte er eine Türe im untern Stock* (396) betont man das Wort *untern* und damit die zweite Silbe, die dem Worte *Türe* folgt.

An den vier Stellen dagegen, wo Frisch die Kurzform *Tür* gewählt hat, sind die zwei nächsten Silben unbetont, oder es folgt eine Pause.

Da es im Satz *der Verstorbene, wenn er sich nur ruhig verhält, könnte durchaus an der Tür stehen* (389) nicht darum geht, ob der vermeintlich Verstorbene bei seiner eigenen Beerdigung sitzt oder steht, sondern darum, ob er überhaupt ins Krematorium gehen soll oder nicht, wird man das Wort *stehen* (und das heißt die zwei nächsten Silben nach *Tür*) sicher nicht betonen. Im Satz *Plötzlich fühlte er sich sehr elend, der Mann hinter der verriegelten Tür, fürchtete, daß ...* (392–3) folgt auf das Wort *Tür* ein Komma, also eine Pause. Im Satz *daß er die Tür nicht mehr öffnen könnte* (393) steht *Tür* vor zwei unbetonten Silben (*nicht mehr*). So ebenfalls im Satz *was auch den Mann hinter der Tür interessierte* (393): die zwei nächsten Silben nach *Tür* (*in-ter-*) sind unbetont.

Eine solche rhythmische Regelung, wie sie Frisch ganz gefühlsmäßig in dieser in sich geschlossenen „Gantenbein"-Partie getroffen hat, ist nun sicher etwas Individuelles. Die individuelle rhythmische Regelung ist aus einer Unsicherheit heraus entstanden, aus dem Schwanken zwischen der mundartnahen Form *Türe* und der mundartfernen Form *Tür* — und das heißt: sie hat sehr direkt mit der deutschschweizerischen Sprachsituation zu tun.

Nach Kaiser wird die Deutschschweiz als sprachliches Außengebiet geradezu charakterisiert durch „eine größere Unsicherheit der Sprachträger, oder, wertneutral gesagt: eine stärkere Subjektivität in der Auseinandersetzung zwischen mündlicher und schriftlicher Sprachform" (Kaiser, Vorbemerkung zum Teil »Der Satz«). Zunächst mag es ein Handicap sein, daß Frisch nicht weiß, ob *Tür* oder *Türe* die korrekte Form

ist, daß er in sehr vielen Fällen nicht sicher ist, was in Deutschland schriftsprachlich herrschend ist, sondern schwankt zwischen dem in Deutschland
herrschenden Ausdruck und dem Ausdruck, der in seiner Mundart (oder
in der schweizerhochdeutschen Schriftsprache) eine nur regionale Geltung
hat. Aber gerade dieses Handicap (die Unsicherheit) kann zur Chance
werden, dann nämlich, wenn ihm die Alternative zwischen dem Über-
regional-Korrekten und dem Regional-Schweizerischen eine private Regelung ermöglicht (wenn er das Schwanken zwischen *Tür* und *Türe* rhyth-
misch ausnützen kann). In sehr vielen Fällen kann Frisch den Mundart-
typ ins Hochdeutsche übertragen — dadurch vergrößert sich der Spielraum, innerhalb dessen er zu seiner individuellen Sprache gelangt. Der
vergrößerte Spielraum im Hochdeutschen ist es, der ihn das Hochdeutsche
gegenüber der Mundart als individuelle Sprache erfahren läßt.

Individuell oder allgemein schweizerisch?

Oft falle es deutschen Kollegen oder deutschen Lesern auf, berichtet
Max Frisch, wie stark er zum *lein*-Diminutiv tendiere. Die häufige *lein*-
Form wird also für Frisch als typisch empfunden. Das Hochdeutsche,
begriffen als Spielraum, läßt immer die Freiheit zu, bestehende Elemente
neu zu kombinieren. *-lein* ist zwar an sich ein durchaus hochdeutsches
Element (in der Mundart entspricht ihm *-li*), aber da im Hochdeutschen
-chen die viel gebräuchlichere Diminutivform ist und Frisch die mundartnahe *lein*-Form in auffallend vielen Kombinationen verwendet, können
Bildungen wie *Balkönlein, Tischlein, Hölzlein* zum individuellen Stilkennzeichen werden.

Nun sind jedoch Diminutive auf *-lein* nicht nur bei Frisch auffallend
häufig. Kaiser stellt eine offensichtliche Vorliebe für *-lein* anstelle des
binnendeutsch üblichen *-chen* auch in der schweizerdeutschen Zeitungssprache fest (Kaiser Abschnitt »Diminutive«). Sind die Kombinationen,
die Frisch aus mundartnahen Elementen über das im Binnendeutschen Ge-
bräuchliche hinaus gebildet hat, tatsächlich individuell, oder stehen sie
ganz einfach in einer überindividuellen Konvention des Schweizerhochdeutschen?

Wie verhält es sich damit bei anderen von Frisch aktualisierten mundartnahen Wortbildungselementen?

Die Bildung von Adjektiven auf *-ig* ist in der Mundart „in viel
weiterem Umfang als im Hochdeutschen möglich" (Zürichdeutsche Grammatik § 403). Aber Kaiser stellt auch für die schweizerhochdeutsche Zeitungssprache einen besonders ausgedehnten Gebrauch fest (Kaiser Abschnitt »Bildung mit *-ig*«). Das Wort *damig* (Stiller 252: *eine junge Nege-*

rin mit damigem Hütchen) zum Beispiel, das Frisch für eine ausgesprochene Eigenbildung hält, ist nach Kaiser (»*damig*«) auch in schweizerischen Zeitungen belegt. Sicher individuell, also nicht nur subjektiv als original empfunden, sondern objektiv über eine Konvention des Schweizerhochdeutschen hinausgehend, sind jedoch *ig*-Bildungen wie *junggesellig* (Gantenbein 288), *brotig* (Gantenbein 174), *lallig* (Stiller 552), *kicherig* (Stiller 112), *fledermausig* (Reinhart 148). Dabei ist es nicht so, daß Frisch zu hochdeutschen Individualbildungen gelangt, indem er forcierter als selbst im Schweizerhochdeutschen üblich *ig*-Adjektive aus der Mundart direkt übernimmt — Frischs individuelle *ig*-Bildungen haben keine direkten Einzelvorbilder in der Mundart (kaum jemand sagt in der Mundart *junggsellig* oder *brotig* usw.), mundartlich angestoßen ist bloß die Bildungsweise.

Weit über das in schweizerhochdeutscher Zeitungssprache Übliche geht Frisch auch in neutralen Bildungen mit Präfix *Ge-*. Während in den Zeitungen als schweizerische Besonderheit nur *Gestürm* durchgehend vorkommt (Kaiser »*Gestürm*«), bildet Frisch — vor allem im frühen Roman „J'adore ce qui me brûle" — so durchaus individuelle, von Duden nicht verzeichnete und selbst in der Mundart kaum je aktualisierte Ableitungen wie *Geschlängel* (J'adore 100: *das seltsame Geschlängel der Stämme*), *Gekringel* (J'adore 182: *ein Gekringel roten Leuchtens*), *Gefilter* (J'adore 292: *ein wirres Gefilter von Mondlicht*), *Geflock* (J'adore 293: *Droben . . . schwammen die Wolken . . ., ein graues Geflock*), *Geblümel* (J'adore 316: *im seidenen Geblümel ihres Abendkleides*), *Gebäum* (J'adore 361: *Leitern hinauf ins Gebäum*), *Gefisch* (Tagebuch 430: *ein Laden voll Gemüse und Gefisch*) usw.

Etwas anders verhält es sich bei den Bildungen auf *-erei*, anders deshalb, weil diese Bildungsweise in hohem Maß zu Augenblicksbildungen offensteht und es daher müßig wird, zum Beispiel zu entscheiden, welche von den 28 nicht von Duden registrierten *erei*-Bildungen, die im „Stiller" vorkommen, tatsächlich individuell sind. Nach der Zürichdeutschen Grammatik sind *erei*-Bildungen „sozusagen unbegrenzt ableitbar" (§ 395). Bezeichnend ist es denn auch, daß Max Frisch von den Bildungen *Schweinerei* (z. B. Stiller 55; allgemein üblich), *Geldmacherei* (Stiller 518; nur bei Frisch belegt), *Einmischerei* (Stiller 358; auch in schweizerischen Zeitungen belegt), *Täuscherei* (Tagebuch 335; nur bei Frisch belegt), *Huperei* (Stiller 236; auch in schweizerischen Zeitungen belegt) und *Zahlerei* (Stiller 287; nur bei Frisch belegt) zunächst nur *Schweinerei* für üblich hält und die anderen Wörter als Eigenbildungen empfindet, sich dann aber sukzessive besinnt, daß er *Geldmacherei* und *Huperei* schon oft gehört habe, und zwar in der Mundart, daß es sich auch bei

Bildungen wie *Einmischerei* oder *Zahlerei* nicht um Originalschöpfungen handle, sondern um grundsätzlich jederzeit mögliche Bildungen. Individuell bei *-erei* sind also nicht die Einzelrealisationen; als individuell gegenüber der schweizerhochdeutschen Zeitungssprache erweist sich aber, daß Frisch viel forcierter als sonst schriftsprachlich üblich (vgl. zu *-erei* in der schweizerischen Schriftsprache Kaiser Abschnitt »Bildung mit *-ei*«) die negativ wertenden *erei*-Bildungen von der Alltagssprache in die Schrift übernimmt.

Max Frischs Sprache ist also, wo sie mundartliche Bildungselemente über die binnendeutsche Schriftsprachnorm hinaus kombiniert, individuell nicht nur in der Sicht des deutschen Lesers, sondern auch in der Sicht des Schweizer Lesers. Was sich im Fall der *lein*-Diminutive nur schwer nachweisen ließe (da einerseits die *lein*-Form grundsätzlich mit jedem Substantiv kombiniert werden kann, andererseits die *lein*-Diminutive im Schweizerhochdeutschen ganz allgemein auffallend häufig sind), läßt sich in anderen Fällen als quantitativ oder qualitativ individuelle Differenz auch gegenüber einer Konvention des Schweizerhochdeutschen nachweisen.

Übertragene (emanzipierte) Mundart

Interessanter als das quantitativ Individuelle ist es zweifellos, wenn Max Frisch die (binnendeutsche und schweizerische) Schriftsprachnorm qualitativ überspielt, und zwar deshalb, weil individuelle Bildungen wie *junggesellig, kicherig, fledermausig* oder *Gefilter, Geblümel, Gebäum,* auch *vermatten* (Tagebuch 117 für *matt werden*), *vergrasen* (Tagebuch 255) (*ver-* ist in der Mundart das herrschende Verbalpräfix, vgl. Zürichdeutsche Grammatik § 416) zeigen, daß Max Frisch in der Mundart besonders lebendige Wortbildungsmittel auch in Kombinationen bringt, die in der Mundart selbst gar nie realisiert werden. Mundartnah ist die Wortbildungskategorie (*-ig, Ge-, ver-*), nicht immer aber deren Realisation.

Nun geschieht es nicht nur bei der Wortbildung, daß Frisch ein Mundartelement ins Hochdeutsche importiert und dann den Mundartimport überträgt (gewissermaßen emanzipiert) auf in der Mundart nicht vorgegebene Fälle. Dies geschieht auch bei der Wortverwendung.

Dafür einige Beispiele:

Wenn man über einen alten Holzboden geht und dabei ein Geräusch entsteht, sagt Frisch in seiner Mundart *de bode tuet gyre*. Im „Stiller" heißt es: *Man ging auf alten girrenden Tannenbrettern* (Stiller 335). Dieses *girren* sei natürlich ein dreister Import aus der Mundart, sagt Max Frisch, es werde von einem deutschen Leser kaum verstanden. Tat-

sächlich kann *girren* heute im Hochdeutschen nur von Tauben gesagt werden (vgl. Duden Rechtschreibung S. 300: *die Taube girrt*), und gerade für
Tauben verwendet Frisch nicht *girren*, sondern immer *gurren* (z. B. Gantenbein 110). Er überspielt die hochdeutsche Norm und wird individuell,
wenn er schreibt *das Girren in den hölzernen Bänken* (Gantenbein 424),
besorgt nach jedem Girren der Treppe (Gantenbein 396), *durch girrenden
Schnee* (Stiller 395), *Sie mied* (beim Reiten) *jedes Girren im Lederzeug*
(J'adore 271). In diesen Fällen (also bei Holz, Schnee und Leder) hat
der individuelle Ausdruck *girren* eine Deckung in der Mundart, da würde
Frisch in seinem Zürichdeutsch *gyre* sagen. In anderen Verwendungen
fehlt dagegen die Mundartdeckung. Im „Jürg Reinhart" heißt es: *und
jetzt gab es ein entsetzliches Gemecker, ein Rennen und Springen, ein
Girren im Kies, worauf die ganze Herde verschwunden war* (Reinhart
73). Nein, sagt Frisch, da würde er in der Mundart nicht *gyre* sagen,
Kies könne *knirsche*, aber nicht *gyre*, *girren* sei hier falsch. Oder: im
Tagebuch heißt es *ein Zug mit girrenden Rollwagen* (Tagebuch 306),
im „Stiller" *an dem Gartentor, das ungeschmiert war und girrte wie je*
(Stiller 54). Auch hier (bei Metall) würde Frisch in der Mundart nicht
gyre sagen, sondern *gyxe*.

Als absolut mundartlich empfindet Max Frisch den Ausdruck
büscheln. Er schreibt: *Es war keine Kleinigkeit, die steifen Gladiolen
einigermaßen zu büscheln* (Stiller 330). In der Mundart gebrauche er den
Ausdruck wohl hauptsächlich im Zusammenhang mit Blumen, erklärt
Frisch. Er schreibt: *während sie ihren Schal um den Hals büschelte* (Gantenbein 100). Kann man in der Mundart einen Schal *büschele*? Ja, das
würde gehen, ebenso möglich sei *büschele* in der Mundart von einem
Taschentuch oder einem Mantel. Er schreibt denn auch: *nachdem sie das
Taschentuch benutzt hat und es jetzt mit ihren freien Händen immerzu
büschelt* (Stiller 314) und *ihren offenen Mantel auf den Rücken gebüschelt*
(J'adore 157). Und Banknoten? Im „Stiller" heißt es: *Der Matrose (...)
büschelte die dreißigtausend Lire zusammen* (Stiller 272). Ja, das würde
er in seiner Mundart auch sagen. — Wenn es hingegen heißt *Elke, ent-
lassen aus seiner Bedrohung, büschelt ihr Haar* (Gantenbein 18), so besteht für die Wendung kein Mundartvorbild, Frisch sagt, in der Mundart
würde er nicht sagen *d haar büschele*, im Hochdeutschen finde er es nicht
schlecht, diese kleine hastige, verzierlichend ordnende Bewegung, es sei
nicht als stehende Wendung aus der Mundart übernommen, sondern eine
selbstgemachte Wendung. Selbstgemacht ist die Wendung auch, wenn es
heißt: *sogar der Sog eines langsamen Fahrrads genügte, um ihn* (den
weißlichen Schleier von Schnee) *aufzuwirbeln und immer wieder anders
zu büscheln wie eine Rüsche* (Gantenbein 33). In der Mundart kann sich

Schnee nicht *büschele,* es wäre ihm zu gesucht, sagt Max Frisch, gewissermaßen eine Trouvaille, eben da zeige sich, wie er eine Kollektivsprache spreche, wenn er Mundart rede: in der Mundart habe er viel weniger Courage, Eigenanwendungen zu machen, während er im Hochdeutschen erstens auf Eigenanwendungen angewiesen sei und zweitens auch viel mehr Spielraum habe. So könne es kommen, daß er im Hochdeutschen zu Eigenheiten gelange, indem er Mundartelemente nicht nur entlehne, sondern auch entstelle.

Ein Helvetismus ist das Geräuschverb *scherbeln.* Frisch gebraucht es in der Mundart hauptsächlich für Geschirr: wenn eine Vase auf den Boden fällt, so *tuet s schëërbele.* Er gebraucht den Ausdruck auch hochdeutsch — aber gerade nicht in der hauptsächlichen Verwendungsweise seiner Mundart. Wenn Geschirr zerbricht, schreibt er nicht *scherbeln,* sondern *klirren,* etwa dort, wo mit dem Armeegewehr auf die Hausbar geschossen wird: *Whisky-Ping, Gin-Pong! Das klirrt* (Gantenbein 404). Im Hochdeutschen gebraucht er *scherbeln* hauptsächlich[2] für das Geräusch von Wellen: *die leise scherbelnden Wellen ums Boot* (J'adore 368), *das silberne Scherbeln der Wellen* (Cruz 57), *am Ufer verscherbeln die glänzenden Wellen* (Stiller 465). Können Wellen in der Mundart auch *schëërbele?* Dezidiert verneint Frisch, das würde er in der Mundart nicht sagen, es wäre ihm schon zu gekonnt. Also verhält es sich genau reziprok: die in der Mundart hauptsächliche Wendung *gschiir schëërblet* übernimmt Frisch nicht ins Hochdeutsche — und umgekehrt wird die Wendung *Wellen scherbeln,* die Frisch im Hochdeutschen hauptsächlich gebraucht, von ihm in der Mundart nicht realisiert. Individuell ist der Helvetismus *scherbeln* bei Frisch nicht nur gegenüber der binnendeutschen Schriftsprache, durchaus persönlich wird er — so übertragen und emanzipiert — auch gegenüber der schweizerischen Schriftsprache und sogar gegenüber der Mundart.

Private Allergien und Vorlieben

Das — helvetische — Wort *scherbeln* hat Max Frisch sehr gern, er liebe das Spröde, Zerbrechliche, das damit ausgedrückt werde. Auch die — in der Mundart besonders häufigen — *ig*-Adjektive hat er gern; für das helvetische *angriffig* könnte man *angriffslustig* sagen, aber dies sei ein Wort, das ihm gar nicht gefalle wegen der Zusammensetzung. Mit solchen völlig individuellen Allergien respektive Vorlieben sei bei ihm immer zu rechnen.

Sind solche Allergien und Vorlieben wirklich ganz privat — oder können ihnen unterschwellig kollektive Sprachtendenzen im Schweize-

---

[2] Auch Palmen können bei Frisch *scherbeln,* z. B. J'adore 87.

rischen entsprechen? Um dies zu prüfen, kann man einen Satz nehmen, ihn in regional relevante Alternativen auffächern und Max Frisch fragen, welche Möglichkeit ihm jeweils besser gefalle.

Im „Homo faber" steht der Satz *Ivy mußte nun wirklich gehen, unsere Sirenen widerhallten ringsum* (Faber 95). Kaiser (Abschnitt »Behandlung zusammengesetzter Verben«) und Duden (Hauptschwierigkeiten S. 631) führen ihn auf zum Beleg einer schweizerischen Tendenz, zusammengesetzte Verben, die binnendeutsch unfest behandelt werden (*unsere Sirenen hallten wider*), nicht zu trennen.

Also: Frisch möchte in einem Satz *unsere Sirenen hallten ringsum* das Wort *hallten* ersetzen durch die Zusammensetzung *widerhallen*, was gefiele ihm dann besser, *hallten wider* oder *widerhallten*? Eindeutig das (in schweizerischer Tendenz liegende) *widerhallten*, Frisch begründet mit einer privaten Allergie: die Form *hallten wider* nehme dem Wort einfach seine Essenz.

Wenn man den Satz vom Imperfekt ins Perfekt umsetzt, Max Frisch zu wählen hat zwischen der binnendeutsch allein korrekten Form *haben widergehallt* und der Form *haben widerhallt*, so ist das für ihn keine Frage der Korrektheit, sondern maßgebend ist für ihn eine private Allergie, das *-ge-* in der Form *widergehallt* zerstöre die Substanz des Worts, deswegen zöge er die (für Kaiser »*widerhallen*« fast unglaubliche) Form *haben widerhallt* vor.

Könnte man auch schreiben *unsere Sirenen haben widerhallt ringsum* (statt *ringsum widerhallt*)? Das — also die mundartnähere Ausklammerung des *ringsum* — finde er sogar schöner, sagt Max Frisch, es gebe wider, was man eigentlich meine, nämlich dieses Eingekreist-Sein.

Und statt *Ivy hat nun wirklich gehen müssen* — wäre für Frisch auch die andere (mundartnahe, gelegentlich im Schweizerhochdeutschen und bei Gottfried Keller belegte) Wortstellung *Ivy hat nun wirklich müssen gehen* möglich? Zunächst zögert Max Frisch, dann sagt er nein, er habe darum gezögert, weil es nicht ausgeschlossen sei, daß er diese Stellung, obwohl sie sehr extrem sein (über den hochdeutschen Spielraum hinausgeht), doch verwenden könnte, etwa in einem neckischen Streitgespräch zwischen Mann und Frau: *Ich konnte einfach nicht anders, ich habe gehen müssen. / Hast du müssen gehen?*

Bei all diesen Alternativen fragt sich Max Frisch nicht, was schweizerisch oder nicht schweizerisch, was korrekt und was weniger korrekt ist (es überrascht ihn zum Beispiel zu hören, daß die Form *haben widerhallt* in einer schweizerischen Tendenz liegt) — er wählt nach Gefühl, und ganz gefühlsmäßig gibt er der schweizerischen Alternative (außer wenn sie, wie die Stellung *Ivy hat nun wirklich müssen gehen,* die im Schweizerhochdeutschen nur gelegentlich vorkommt, zu extrem ist) den Vorzug.

Einer individuellen Vorliebe kann unterschwellig eine kollektiv-schweizerische Tendenz entsprechen.

Max Frisch findet es typisch, daß er dazu neige, das Reflexivprono-men — gegen die traditionell-binnendeutsche Regel — in die Nähe des (zugehörigen) Verbs zu rücken. Er schreibt *auch wenn ich unseres Glückes mich freue* (Cruz 25 statt *auch wenn ich mich . . .*) / *Er muß nicht jeden Morgen sich anziehen* (Bin 48 statt *Er muß sich nicht . . .*) / *alte Bachläufe, die ohne weiteres sich lesen lassen* (Tagebuch 51 statt *die sich ohne weiteres . . .*) / *in einen Lift (. . .), dessen bronzene Türen (. . .) langsam sich schlossen* (Gantenbein 13 statt *sich langsam schlossen*) / *Es ist unerläßlich, daß er die Liste der Namen sich merkt* (Gantenbein 339 statt *daß er sich . . .*).

Frisch erklärt diese Neigung damit, daß er manchmal einfach ein gewisses Unbehagen verspüre, wenn das Reflexivpronomen weit vom Verb entfernt stehe, es sei eine sicher ganz private Allergie. Denn in der Mundart sage er kaum *es isch nöötig, daß er d lischte vo de näme sich merkt,* sondern wie in normalem Hochdeutsch *es isch nöötig daß er sich d lischte vo de näme merkt.* Was ihn locke, zu schreiben *daß er die Liste der Namen sich merkt* statt *daß er sich die Liste der Namen merkt,* sei gerade die Abweichung von der Norm. Er bemerke dies hauptsächlich, wenn eines seiner Werke in korrektes Englisch oder Französisch über-setzt worden sei, da frage er sich ab und zu bei einzelnen Sätzen, warum das gesagt werden müsse, finde, es gebe nichts her, schlage dann im Ori-ginal nach und sehe, daß der Satz auch da nichts sagen will, daß ihn einzig diese Nuance Abweichung vom gebräuchlichen Ablauf dazu ver-lockt habe, den Satz einzufügen.

Nun weicht die von Frisch bevorzugte Pronomenstelle zwar ab von der traditionell-binnendeutschen Norm, nicht aber von der Norm des Schweizerhochdeutschen. Kaiser (Abschnitt »Satzstückfolge«) formuliert als allgemein schweizerhochdeutsche Tendenz, daß das Reflexivpronomen gern möglichst gegen das Satzende gerückt wird.[3] Auch da also empfindet Max Frisch subjektiv als individuelle Eigenheit (dies um so mehr, als sie keine Mundartdeckung hat), was objektiv in einer schweizerischen Ten-denz liegt.

---

[3] Allerdings besteht eine gleiche Tendenz neuerdings auch im Binnen-deutschen, vgl. dazu Duden Hauptschwierigkeiten S. 512, Kaiser im Abschnitt »Satzstückfolge«.

Nicht immer läßt sich eine private Allergie (eine private Vorliebe) so direkt zurückführen auf etwas Kollektiv-Schweizerisches.

Wenn an eine Sache oder einen Begriff ein Relativsatz präpositional angeschlossen wird, so wird heute nach Duden (Hauptschwierigkeiten S. 503) „überwiegend" das Relativpronomen in Verbindung mit einer Präposition (*mit dem, unter denen usw.*) gebraucht und nicht das mit *wo* gebildete Pronominaladverb *(womit, worunter usw.)*. Für das in dieser Verwendung heute seltene Pronominaladverb bringt Duden (Hauptschwierigkeiten S. 504) ein Frisch-Zitat:

> *Und diesen Hohn, worauf sie nur warteten, glaubte ich nicht er-*
> *tragen zu können* (Stiller 495[4] statt *auf den*). Frisch schreibt auch: *die*
> *Finger, womit ich schwöre* (Stiller 45) / *ein paar Zeilen, worin sie*
> *bestätigte, daß sie leider sehr müde gewesen wäre* (Stiller 114) /
> *ein Schritt, womit man alles verläßt* (Stiller 261) / *Eine Maskenball-*
> *Liebelei, womit Sibylle demonstrierte* (Stiller 275) / *die zärtliche*
> *Schonung, womit er mich behandelt* (Stiller 438) usw.

So würde er heute nicht mehr schreiben, sagt Max Frisch, das sei falsch. Auch diese Eigenheit gründe in einer solch individuellen Aversion: er schreibe einfach sehr ungern *die Axt, mit der er zuschlug,* ungern habe er die Verbindung von Relativpronomen und Präposition, merkwürdigerweise, es sei so etwas wie eine Geschmacksache. Und sobald ihm dieses Bocken bewußt geworden sei, habe er sich dazu gezwungen, richtig zu schreiben *die Axt, mit der er zuschlug,* in der Mundart sage er ja auch *d axt mit deren er zuegschlage hät* — er glaube, es habe mit Mundart gar nichts zu tun, wenn er früher geschrieben habe *die Axt, womit er zuschlug.* Hat es wirklich nichts mit Mundart zu tun? Zwar sagt Frisch in der Mundart *d axt mit deren er* oder auch *en aversioon gäge die ich mängmaal mues aagaa* (eine Aversion, gegen die ich manchmal kämpfen muß) — aber ist das überhaupt gute Mundart?

In der guten (d. h. älteren) Mundart würde man sagen *d axt won er zuegschlage hät dermit, en aversioon won ich mängmaal mues aagaa dergäge* usw. (vgl. Zürichdeutsche Grammatik § 342). Und von daher erklärt sich Frischs merkwürdige Allergie gegen die Verbindung von Relativpronomen und Präposition: diese Verbindung fehlt in der älteren Mundart. Als Kind wird Max Frisch noch gesagt haben *d axt won er zuegschlage hät dermit,* dann hat er sich von dieser Fügungsweise entfernt, aber sie wirkt in seinem Hochdeutsch noch nach, indem sie ihn zum mit *wo* gebildeten Pronominaladverb drängt. Ein Vorgang, der sich

---

[4] Duden gibt die falsche Seitenzahl 444 an und unterschlägt zudem beim Zitieren das *nur (worauf sie nur warteten).*

psychologisch etwa so abgespielt hat: die Entfernung von der älteren Mundart löst zunächst ein ungutes Gefühl auf der Mundartebene aus, dann projiziert Frisch das Unbehagen auf die Ebene des Hochdeutschen. Auf solch verwickelte Weise können sich kollektive Mundart und individuelles Hochdeutsch durchdringen: Eine individuelle Eigenheit ist unterschwellig begründet in der kollektiven Schicht der älteren Mundart, wie sie Frisch heute gar nicht mehr spricht.

Transformationen

Die Möglichkeit, Mundartliches ins Hochdeutsche zu übernehmen, vergrößert den hochdeutschen Spielraum.

Mundartliche Elemente machen die Sprache Max Frischs individuell nicht nur gegenüber der binnendeutschen Norm, sondern auch — in ihren quantitativen oder qualitativen Abweichungen — gegenüber der schweizerhochdeutschen Norm.

Individuelle Vorlieben können unterschwellig in kollektiven Sprachtendenzen des Schweizerdeutschen oder des Schweizerhochdeutschen gründen.

Und jetzt neu: Es gibt individuelle Eigenheiten in der Sprache Max Frischs, die an sich überhaupt nichts mit kollektiv-schweizerischen Tendenzen zu tun haben, sich aber erklären lassen als Reflexe auf andere Eigenheiten, die kollektiv-schweizerisch angeregt sind.

So läßt sich gelegentlich als Eigenheit beobachten, daß Frisch ein Adjektiv auf das Substantiv bezieht, wo man vom logischen Standpunkt aus den Bezug aufs Verb erwarten würde. Er schreibt: *Sie standen unter einer späten Laterne* (Tagebuch 29 statt, da nicht die Laterne *spät* ist, sondern das Stehen unter ihr, mit Bezug auf das Verb: *Sie standen spät unter einer Laterne*) / *nicht ganz ohne Komik auch, wie er* (...) *sich in lauter nachträglicher Offenheit erging* (Stiller 189 statt *wie er sich nachträglich*...) / *Noch vor einem halben Jahr* (...) *verrissen sie ihre überschwenglichen Arme, um Julika zu begrüßen* (Stiller 169 statt *verrissen sie überschwenglich*...) / *der Polizist hatte ein dienstliches Auge auf sie* (Gantenbein 492 statt *der Polizist hatte dienstlich ein Auge auf sie*).

Diese Eigenheit hat weder in der Mundart noch in der schweizerhochdeutschen Schriftsprache[5] eine Deckung. Duden bezeichnet sie als inkorrekt (Hauptschwierigkeiten S. 28) und belegt sie mit eben einem

---

[5] Vgl. immerhin Kaiser im Abschnitt »Deklination des attributiven Adjektivs«, der für diese Erscheinung vereinzelte Belege fürs Schweizerhochdeutsche gibt.

Frisch-Zitat: *Obschon er sich höfliche Mühe gab* (Gantenbein 114). Woher kommt es, daß Max Frisch beim Adjektiv Substantivbezug und Verbbezug vertauscht?

Nun gibt es — wo ein Werk in verschiedenen Fassungen vorliegt — gewisse Änderungen, die einen Wechsel zwischen Substantiv- und Verbbezug sekundär mit sich bringen können. Im „Jürg Reinhart" heißt es: *draußen wippten nahe Bäume, die rabenschwarz und zerfranst waren* (Reinhart 61). In diesem Satz beziehen sich die Adjektive *rabenschwarz* und *zerfranst* auf das Substantiv *Bäume*. 1943, bei der Umarbeitung, scheint sich Frisch am Relativsatz zu stoßen, er verläßt die Relativkonstruktion und schreibt: *draußen wankten die nahen Bäume, fremd, rabenschwarz und zerfranst* (J'adore 19). Und jetzt beziehen sich die Adjektive nicht mehr auf das Substantiv *Bäume*, sondern (formal) auf das Verb *wanken*. Die Aufgabe der Relativkonstruktion ist hier gekoppelt mit dem Wechsel vom Substantiv- zum Verbbezug, und da eine solche Transformation ganz spezifisch auf die Bahnen verweist, in denen sich Max Frischs Sprache bewegt, kann sich das Schwanken zwischen Substantiv- und Verbbezug auch emanzipieren und zu Eigenheiten vom Typ *Sie standen unter einer späten Laterne* führen. Die Eigenheit vom Typ *Sie standen unter einer späten Laterne* als Reflex auf Relativtransformationen, die einen Wechsel im Adjektivbezug nach sich ziehen können — aber hat die Alternative zwischen Relativkonstruktion und Nicht-Relativkonstruktion überhaupt mit etwas Schweizerischem zu tun?

Max Frisch berichtet,[6] bei früheren Texten fielen ihm heute ärgerlich die zu vielen und umständlichen Relativsätze anstelle des knapperen Attributs auf, und er fragt sich, ob solche umständlichen Verlängerungen in der Mundart gründen könnten. Er schreibt im „Jürg Reinhart" mit umständlicher Relativkonstruktion *Diese Meerbucht war weit, die vor dem Haus lag* (Reinhart 30) statt (wie der Satz 1943 in „J'adore ce qui me brûle" heißt) mit dem knappen Attribut *Die Bucht vor dem Hause war weit* (J'adore 13). Er ändert die Relativkonstruktion *diese alten Möbel, die aus dem norddeutschen Gut stammten* (Reinhart 79) um in die Attributivkonstruktion *die alten Möbel aus dem pommerschen Gut* (J'adore 30). Ähnlich heißt es 1951 noch *ein Backsteingewölbe, das feucht und schimmlig ist* (Öderland 1951 81), 1961 dagegen attributiv *ein feuchtes und schimmliges Backsteingewölbe* (Öderland 1961 362). Oder er verknappt die Relativfügung *in den Gesprächen, die ich erfinde* (Tonband 1961) zu attributiv *in meinen erfundenen Gesprächen* (Gantenbein 414). Usw.

---

[6] Briefliche Mitteilung vom 30. April 1967.

Tatsächlich besteht in der Mundart eine starke Neigung, attributive Konstruktionen durch Relativkonstruktionen zu ersetzen. Die Zürichdeutsche Grammatik (§ 248) stellt einander gegenüber z. B. zürichdeutsch *chind wo gëërn folged*: hochdeutsch *folgsame Kinder* / zürichdeutsch *schwaarzes broot wo stäihërt gsy isch*: hochdeutsch *schwarzes, steinhartes Brot* / zürichdeutsch *en aarbet won em lyt*: hochdeutsch *eine ihm passende Beschäftigung* / zürichdeutsch *die maargge wo me nüd pruucht hät*: hochdeutsch *die nicht gebrauchten Marken*. Die zu vielen Relativsätze, die Max Frisch heute in seinen früheren Texten ärgerlich auffallen, sind mundartlich angeregt. Frisch transformiert nun — beim Überarbeiten eines früheren Textes — solche Relativkonstruktionen nicht nur, indem er sie in ihre hochdeutsche Standard-Alternative, also in attributive Fügungen, überführt (*Die Zeremonie, die durchaus schön ist* Don Juan 1953 41: *eine schöne Zeremonie* Don Juan 1962 31), sondern auch, indem er die näheren Bestimmungen unverfügt nachträgt und damit zu der für ihn typischen lockeren Syntax gelangt. Auf diese Weise führt er *Ein (....) Herrensitz, der einsam ist und umschirmt von alten Pinien* (Reinhart 32) über in *ein (...) Herrensitz, einsam, umschirmt von alten Pinien* (J'adore 13) / *eine Ausstellung, wo Malereien von Jugendlichen gezeigt wurden* (Reinhart 76) wird zu *eine Ausstellung, Malerei von Jugendlichen* (J'adore 28) / *ein knochenbleiches Karstinselchen darin, das weiß umrändert ist* (Reinhart 143) ändert er zu *ein knochenbleiches Karstinselchen darin, weiß umrändert* (J'adore 55) / *ein altes Haus, das zwei Monate im Winter überhaupt keine Sonne hat* (Öderland 1946 76) wird transformiert zu *Ein altes Haus, zwei Monate lang ohne Sonne, Dezember und Januar* (Öderland 1951 32) / der Satz *Santorin (...) ist ein alter erloschener Krater, der im Meer versunken ist* (Öderland 1951 49) heißt später *Santorin (...) ist ein alter erloschener Vulkan, versunken im Meer* (Öderland 1961 334) / 1961 heißt es mit Relativfügung *wenn ich so einen bräunlichen Bändel, den ihr besprochen habt in meiner Abwesenheit, in diese teuflische Maschine einschlaufe* (Tonband 1961), 1964 dagegen mit freiem Nachtrag *wenn ich einen solchen braunen Bändel, besprochen in meiner Abwesenheit, in diese teuflische Maschine einschlaufe* (Gantenbein 413). Und so weiter.

Selbstverständlich hat ein solcher freier Nachtrag, wie er für Frisch typisch ist, nicht immer ein konkretes Relativmodell zum Hintergrund. Wenn Frisch schreibt *er lächelt über ihre strahlende Verwunderung, womit sie an ihn hinaufblickt, jung und ernst* (Tagebuch 86), ließe sich der Nachtrag *jung und ernst* nur schwer in einen Relativsatz überführen; man müßte logisch auflösen: substantivbezogen *Inge ist jung* und verbbezogen *sie blickt ernst hinauf* — der freie Nachtrag, der sich bei Frisch zunächst aus Relativtransformationen ergibt, kann sich emanzipieren zum allgemeinen Mittel, die umständliche Explizierung komplexer logischer Bezüge zu umgehen.

Auf der anderen Seite haben die Relativkonstruktionen ihrerseits nicht immer ein konkretes Mundartvorbild. Im „Jürg Reinhart" heißt ein Satz: *Wie eine Möwe schaukelte der Brief, der immer ferner und einsamer wurde* (Reinhart 33). Das sei schlicht und einfach verhauen, kommentiert Max Frisch, der Relativsatz sei unlogisch, ohne daß das Unlogische etwas hergebe, ein Beispiel also für einen nicht gemeisterten Relativsatz. Die Relativkonstruktion wäre auch in der Mundart kaum möglich. Wie müßte man die intendierte logische Beziehung explizieren? Man könnte sagen: *Wie eine Möwe schaukelte der Brief, während er immer ferner und einsamer wurde.* So — also mit der Explizierung eines Gleichzeitigkeitsverhältnisses — würde der Satz stimmen. Diese Konstruktion wäre jedoch in der Mundart nicht gut möglich, weil in der (guten) Mundart die Konjunktion *wääret* fehlt (vgl. Zürichdeutsche Grammatik § 322). In der Mundart würde man — wörtlich umgesetzt — parataktisch sagen: *wien e mööwe isch de brief gschauklet und (er isch) fëërner und äinsaamer woorde.* Und von daher erklärt sich der verfehlte Relativsatz im „Jürg Reinhart": einerseits aus dem Bedürfnis, mundartliche Parataxe in schriftsprachliche Hypotaxe zu überführen — andererseits aus der Not, daß die intendierte *während*-Beziehung in der Mundart nicht ausgedrückt wird. So springt die in der Mundart beliebte Relativkonstruktion als Ersatz ein. — 1943, bei der Überarbeitung des Erstlings, ändert Frisch den Satz, er lautet jetzt mit freiem Nachtrag: *Wie eine Möwe schaukelte draußen der Brief, ferner und ferner* (J'adore 14). Diese Änderung zeige eindeutig, sagt Frisch, daß er gemerkt habe, wie falsch die Relativkonstruktion sei. Zwar sei auch die neue Fassung kein Treffer und das Ganze eher ein gutes Beispiel für eine schlechte Lösung. Immerhin: Der Fall demonstriert nicht nur, wie die Eigenheit des freien Nachtrags transformatorisch hervorgeht aus der mundartlich angeregten Vorliebe zur Relativkonstruktion auch dort, wo man ein hintergründiges Relativmodell gar nicht erwarten würde, und wie mit dieser Transformation mitgesetzt sein kann ein Wechsel vom Substantivbezug (*der Brief wurde ferner und einsamer*) zum Verbbezug (*der Brief schaukelte ferner und ferner*) — er demonstriert auch, wie sich die Vorliebe zur Relativkonstruktion ihrerseits emanzipiert und negativ mundartlich angeregt sein kann von der Scheu, eine in der Mundart fehlende logisch-formale Beziehung im Hochdeutschen adäquat zu explizieren.

In diesen Zusammenhang gehören auch — als Extremformen — die Satzverkürzungen im „Homo faber", wenn es etwa heißt *nur das*

vordere Fahrgestell war gestaucht, weil eingesunken im Sand (Faber
29 für *weil es im Sand eingesunken war*) / *Ich fühle mich nicht wohl,
wenn unrasiert* (Faber 38 für *wenn ich unrasiert bin*) / *ich als Schweizer* (. . .) *könne alldies nicht beurteilen, weil nie im Kaukasus gewesen* (Faber 12 für *weil ich nie im Kaukasus gewesen sei*) / *Ich bin
in meinem Leben nie krank gewesen, ausgenommen Masern* (Faber
53 für *außer daß ich die Masern hatte*) / *Ich zog sie* (= die Jacke)
*sofort aus, als Hanna in die Küche ging; jedoch mein Hemd ging
auch nicht, weil blutig* (Faber 190 für *weil es blutig war*).

Genau gleich, wie aus der vollständigen Relativkonstruktion (*ein
Inselchen, das weiß umrändert ist*) ein freier Nachtrag transformatorisch
hervorgehen kann (*ein Inselchen, weiß umrändert*), können auch andere
Satzkonstruktionen (z. B. das konditionelle *wenn ich unrasiert bin*) von
Frisch überführt werden in unverfugte Verkürzungen (*wenn unrasiert*).
Es ist unmöglich, in der Mundart zu sagen *es isch mir nüd wool wän unrasiert*, man müßte den Konditionalsatz ganz ausführen *wän ich unrasiert
bin*. Die Faber-Sprache ist in ihren extremen Verkürzungen mundartfern,
aber sogar sie läßt sich verstehen als individueller Reflex auf etwas Kol-
lektiv-Mundartliches — denn das Verfahren der Verkürzung hat seinen
Hintergrund in der Transformation von mundartlich angeregten Relativkonstruktionen.

unbewußt / bewußt

Sprachwandel

Mundart als etwas Kollektives, Hochdeutsch als etwas Individuelles: wobei das Individuelle gerade dadurch entstehen kann, daß Max Frisch etwas Mundartliches ins Hochdeutsche übernimmt. Aber ist nicht auch die Mundart eine Sprache, die verschiedene Möglichkeiten offen läßt? Im Hochdeutschen stellen sich Alternativen zwischen Mundartnähe und Mundartferne — genau gleich kann die Mundart ihrerseits vibrieren zwischen Schriftsprachnähe und Schriftsprachferne. Es zeigt sich, wenn man Frischs Mundart vergleicht mit der Mundartform, wie sie zum Beispiel die Zürichdeutsche Grammatik postuliert.

In guter Mundart knüpft man alle Relativsätze mit pauschalem *wo* an. Frisch sagt in der Mundart mit schriftsprachfernem *wo* zum Beispiel *die foorm wo richtig isch* (die Form, die richtig ist), *e schööns woort wo mir gfallt* (ein schönes Wort, das mir gefällt); er sagt aber auch schon mit schriftsprachnahem Pronomen *uusdrück die nüüt häissed* (Ausdrücke, die nichts bedeuten) oder *spiil die me seer oft macht* (Spiele, die man sehr oft macht) — die Zürichdeutsche Grammatik (§ 342, Anm. 1) sagt dazu: „Es ist keine Frage, daß dieser falsche Gebrauch des Relativpronomens (...) zu denjenigen Verstößen gezählt werden muß, die die Echtheit und Reinheit der Mundart aufs stärkste in Frage zu stellen vermögen."[1]

In der älteren zürichdeutschen Mundart gilt für hochdeutsch *er fängt an* die Form *er faat aa*. Heute ist sie — nach der Zürichdeutschen Grammatik § 200 — schon stark zurückgedängt durch die schriftsprachnähere Form *er fangt aa*. Frisch sagt in seiner Mundart nicht *er faat aa*, sondern *er fangt aa*. Und er sagt sogar schon ganz schriftsprachnah *daß me aafängt*[2] *spile* (daß man zu spielen anfängt).

---

[1] Vgl. dazu immerhin Werner Hodler, Von berndeutschen Relativsätzen, Sprachspiegel 20 (1964), S. 178—182: „Wir bestreiten auch nicht, daß der mundartliche Relativsatz schriftsprachlicher Beeinflussung ausgesetzt sei, besonders in primitiver Vortragssprache. Trotzdem glaube ich an die Geschichtlichkeit vieler mundartlicher Relativsätze mit *dër*, soweit sie in gesunder Volkssprache vorkommen" (S. 182).

[2] Kaum als Reflex von ebenfalls mundartlich *aaféët* zu interpretieren.

Max Frisch spricht Mundart, nicht Hochdeutsch, wenn er sagt *es gaat natüürlich hie gäge äine nicht exischtierende umgangsspraach hii die also dise verküürzige hät* (es geht hier natürlich in die Richtung einer nicht existierenden Umgangssprache, die diese Verkürzungen kennt). Dieser Satz müßte in guter zürichdeutscher Mundart etwa so aussehen: *es gaat natüürli* (nicht schriftsprachnah *natüürlich*) *hie gägen e* (nicht schriftsprachnah *äine*) *nüd* (*nicht* ist direkt aus dem Hochdeutschen importiert) *exischtierendi* (statt mit hochdeutscher Endung *exischtierende*) *umgangsspraach hii wo* (nicht schriftsprachnah relatives *die*) *also die* (*dise* in der Verwendung von hochdeutsch *diese* fehlt in der älteren Mundart) *verchüürzige* (statt schriftsprachnah *verküürzige*) *hät*.

Mundart ist nicht kollektiv in dem Sinn, daß sie von allen Sprechern gleich realisiert würde. Der Grad an Schriftsprachnähe kann von Sprecher zu Sprecher variieren. Es wäre theoretisch möglich, das durchaus Persönliche in der Mundart von Max Frisch zu beschreiben, indem man ihren spezifischen Grad an Schriftsprachnähe bestimmen würde. Max Frisch glaubt selbst, daß er kein gutes Zürichdeutsch spricht, und er erklärt es damit, daß er viel mit Deutschen Kontakt habe. Seine Mundart mag von daher besonders anfällig für Schriftsprachnähe sein — und doch ist Frischs Zürichdeutsch ebenso Mundart wie das von der Zürichdeutschen Grammatik postulierte „gute", „reine", „echte" Zürichdeutsch. So verfehlt es wäre, wenn man Max Frisch anraten würde, er möge sich bitte beim Schreiben eines Romans ganz streng an den Duden halten, so verfehlt wäre es, wenn man ihm sagen würde, er solle doch einmal die Zürichdeutsche Grammatik durchlesen und seine Mundart nach ihr ausrichten. Verfehlt weshalb?

Mundart ist kollektiv in dem Sinn, daß sich ihre Sprecher unbewußt um einen neutralen Ausdruck bemühen und das sprachlich Auffällige meiden. Wenn sich Frisch ein betont gutes Zürichdeutsch zulegen würde, würde ihm seine Mundart auffallen, die Mundart käme ihm dann nicht selbstverständlich, sondern sie würde demonstriert. Sobald Mundart demonstriert wird, ist sie zum Museumsstück geworden. Deshalb ist es geradezu ein Kennzeichen der Mundart, daß sie vernachlässigt wird und sich jedem willentlichen Eingriff entzieht (beispielhaft, daß Frisch heute nicht mehr *anke* sagt, sondern *butter*: verleidet ist ihm *anke* gerade durch die Willkür, den Ausdruck als Akt geistiger Landesverteidigung zu propagieren). Max Frisch sagt, weil Mundart seine eigene Haut sei, beachte er sie auch kaum. Sie ist ihm eine unbewußte Sprache. Einen hochdeutschen Dialog beachte er automatisch viel mehr.

Wie sehr das Hochdeutsche für Frisch eine bewußte Sprache ist, zeigen die Texte, die in verschiedenen Fassungen vorliegen. In den verschiedenen publizierten Fassungen finden sich über 8000 grammatisch formulierbare Änderungen. Jede dieser Änderungen setzt voraus, daß sich im Bewußtsein ein willentlicher Vorgang abspielt, etwa so: ich habe früher so geschrieben, das gefällt mir heute irgendwie nicht mehr, wie kann ich anders schreiben, jetzt schreibe ich so. Und es ist klar, daß solche Änderungen auf eine allgemeine sprachliche Wachheit verweisen: wenn Max Frisch Hochdeutsch schreibt, kommt ihm die Sprache nicht selbstverständlich — er muß sie sich bewußt erarbeiten.

Dieser verschiedene Bewußtheitsgrad gegenüber den beiden Sprachformen Mundart und Schriftsprache wirkt sich nun auf deren Wandel aus. Zwar wandeln sich bei Frisch sowohl Mundart als auch Schriftsprache. Verschieden ist aber die Art des Wandels.

Ein Wandel in Frischs Schriftsprache betrifft die Alternative zwischen den Formen *hangen* und *hängen*. Heute gilt für transitiven und intransitiven Gebrauch nach Duden pauschal nur noch die Form *hängen*, während früher noch unterschieden wurde zwischen intransitivem *hangen* (*das Bild hangt an der Wand*) und transitivem *hängen* (*er hängt das Bild an die Wand*) — vgl. dazu Duden Hauptschwierigkeiten S. 289, der für das in Deutschland heute „weitgehend veraltete" *hangen* zwei Frisch-Zitate *anführt* (*Der Mond hangt wie ein goldener Gong über dem Meer* Cruz 35 / *. . . ob ich noch immer an dir hange* Cruz 76), nicht zufällig, denn im sprachlichen Außengebiet Schweiz hat sich der alte Gegensatz zwischen intransitivem *hangen* und transitivem *hängen* länger gehalten. Kaiser stellt fürs Schweizerhochdeutsche im intransitiven Gebrauch noch überwiegend die Form *hangen* fest (Kaiser »*hangen*«). Und bei Frisch hat Kaiser beobachtet, wie sich der Gebrauch von *hangen* und *hängen* im Verlauf der Zeit wandelt, und zwar so (Kaiser »*hangen*«): im Frühwerk „Bätter aus dem Brotsack" (1940) schreibt Frisch nur *hängen*, in den Werken „J'adore ce qui me brûle" (1943), Tagebuch (1950) „Stiller" (1954) schreibt er im intransitiven Gebrauch ausschließlich die Form *hangen*, im „Homo faber" (1957) wieder durchweg *hängen*, während im „Gantenbein" (1964) intransitiv nebeneinander die Formen *hangen* und *hängen* vorkommen.

Was den Wandel *hangen/hängen* in Frischs Werk auszeichnet, ist, daß er nicht bloß in einer Richtung verläuft. Nicht nur, daß die Form *hängen* 1943 durch die mundartnahe Form *hangen* abgelöst wird — auch umgekehrt wird 1957 die Form *hangen* durch die mundartferne Form *hängen* abgelöst. Das ist entscheidend: wo sich die Schriftsprache von Max

Frisch wandelt, ist der Wandel grundsätzlich in beiden Richtungen möglich, Richtung Mundartnähe und Richtung Mundartferne. Wenn sich hingegen Frischs Mundart wandelt, ist die Richtung des Wandels nicht umkehrbar, seine Mundart wandelt sich ausschließlich in Richtung Schriftsprachnähe. Es wäre bei Max Frisch undenkbar, daß er in seiner Mundart zuerst den Ausdruck *anke* durch den schriftsprachnahen Ausdruck *butter* ersetzt und einige Jahre später umgekehrt den Ausdruck *butter* durch den Ausdruck *anke* ersetzen würde. Undenkbar wäre es auch, daß Frisch plötzlich wieder die Relativsätze konsequent mit *wo* anschließt, wenn er Mundart spricht, undenkbar, weil sich die Mundart jeder willentlichen Steuerung entzieht. Eine Entfernung von der guten Mundart (oder von der Mundart, wie sie Frisch als Kind gesprochen hat) läßt sich nicht mehr rückgängig machen, wogegen in der Schriftsprache, wo Max Frisch bewußt arbeitet, grundsätzlich jeder Alternative je nach dem aktuellen Sprachwillen zur Verfügung steht.

Korrekt und inkorrekt

Wie geht Max Frisch technisch vor, wenn er einen früheren Text überarbeitet? Man kann sich etwa drei Methoden vorstellen: 1. er kann den früheren Text Satz für Satz abschreiben, indem er von Fall zu Fall abändert — oder 2. er trägt die Änderungen als Korrekturen in den früheren Text ein — oder 3. er schreibt den neuen Text, ohne daß er den früheren Text vor sich hat.

Frisch antwortet:[3] Im allgemeinen überarbeite er einen früheren Text mit Methode 2 — wenn größere Änderungen nötig sind, auch mit Methode 3 — nie verwende er Methode 1. Max Frisch verwendet also hauptsächlich die Methode, die für das grammatische Bewußtsein die größte Kontrolle bietet: während es bei der Methode 1 passieren kann, daß sich beim Abschreiben eines Satzes Abweichungen von der Vorlage auch unbeabsichtigt einstellen (dann nämlich, wenn man die eigenen Sätze noch so in der Erinnerung zu haben glaubt, daß man sie gar nicht mehr ganz durchliest, sondern halb nach der Erinnerung niederschreibt), während bei der Methode 3 der frühere Text überhaupt nicht in seiner grammatischen Besonderheit zur Vorlage genommen wird, so bleibt bei der Methode 2 der Änderungsvorgang restlos in Kontrolle, da nur die Abweichungen notiert werden und deshalb in jedem Moment die grammatischen Abweichungen von der Vorlage ersichtlich sind. Das Verfahren, Änderungen als Korrekturen in den Text einzutragen, ist unter anderem das Verfahren des Lehrers, wenn er Aufsätze korrigiert.

---

[3] Auf eine Anfrage im April 1967.

Max Frisch berichtet, manchmal müsse er ein bißchen den Lehrer hinter sich aufstellen. Er sagt es in einem anekdotischen Zusammenhang: lustig, neulich sei er bei Friedrich Dürrenmatt gewesen und habe ihn gefragt, wie er im Hochdeutschen den Plural von *Koffer* bilde — und auch Dürrenmatt sei wieder gekommen mit der Form *die Koffern*. Heute weiß Frisch, daß diese Form (Kaiser »*Koffer*« führt sie auf als schweizerische Besonderheit) nicht korrekt sei, und doch müsse er jedesmal „e chly de leerer hinder mir uufstele", damit er korrekt schreibe *er nahm seine Koffer und ging hinaus.*

Da es nur dann sinnvoll ist, von Korrekt und Inkorrekt zu sprechen, wenn man die Korrektheit willentlich erreichen kann, ist die Mundart für Frisch eine Sprache, in der es kein Korrekt oder Inkorrekt gibt. Während Max Frisch sich die Mundart (die „erste Sprache"[4]) unwillkürlich, sozusagen automatisch, angeeignet hat, ist er später dem Hochdeutschen (der zweiten Sprache) von Anfang an, nämlich in der Schule, als der Sprache begegnet, mit der man willentlich umzugehen hat. In der Schule ist Frisch zum Beispiel beigebracht worden, daß man im Hochdeutschen unterscheiden solle zwischen transitivem *hängen* und intransitivem *hangen*: Frisch berichtet, sein Französisch-Lehrer habe seinerzeit diese Differenzierung propagiert, und wenn er auch noch im „Gantenbein" die (veraltete) Form *hangen* gebrauche, so habe dies seinen simplen Grund darin.

Aber das in der Schule gelernte *hangen* ist eine schweizerische Besonderheit, es ist „korrekt" nur innerhalb der Konvention des Schweizerhochdeutschen, im Gegenwartsdeutschen gilt *hangen* als inkorrekt. In der Schule hat Max Frisch eine schweizerische Spracherziehung erhalten. Ein schweizerischer Lehrer kann etwas Schweizerisches als korrekt ausgeben, er würde, da er selbst in der schweizerhochdeutschen Konvention steht, wohl auch die helvetische Form *die Koffern* einem Schüler nicht anstreichen. Angestrichen worden ist Frisch diese Form vielleicht von einem deutschen Verlagslektor. Die Erzählung „Bin oder Die Reise nach Peking" ist zuerst 1945 im zürcherischen Atlantis Verlag erschienen, dann 1952 im deutschen Suhrkamp Verlag neu aufgelegt worden: während in der schweizerischen Ausgabe noch die intransitiven *hangen*-Formen vorkommen (z. B. Bin Atlantis 34: *wie die Dinge des Lebens zusammenhangen*), hat der Lektor für die deutsche Ausgabe konsequent in *hängen* umkorrigiert (Bin Suhrkamp 37: *wie die Dinge des Lebens zusammenhängen*).

---

[4] Als „die erste Sprache" bezeichnet Martin Walser den Dialekt in seiner Ansprache zur Verleihung des Bodensee-Literaturpreises 1967: Bemerkungen über unseren Dialekt, „Neue Zürcher Zeitung" vom 25. 6. 1967.

Also von zwei Instanzen hat Frisch erfahren, daß das Hochdeutsche
— im Gegensatz zur Mundart — nach Korrektheit und dementsprechen-
der Wachheit verlangt: von der Schule, wo man lernt, daß man nicht
einfach so schreiben darf, wie man bisher als Kind gesprochen hat, daß
das Hochdeutsche Gesetze kennt, die es zu befolgen gilt und die in
manchen Fällen keine Entsprechungen in der Mundart haben — und
später vom Lektorat, vor allem wohl von den Lektoren der deutschen
Verlage, die Frisch merken lassen, daß seine schweizerische Spracherziehung nur bedingt zu einem korrekten Hochdeutsch führt, weil es
Helvetismen gibt, die sich in der Perspektive eines Deutschen als störende
Fehler ausnehmen können. Zwei Instanzen nötigen Frisch, ein bißchen
den Lehrer hinter sich aufzustellen, wenn er Hochdeutsch schreibt.

„Es ist klar", findet Max Frisch, „daß wir als Schriftsteller ver-
suchen, Fehler zu vermeiden" (im Brief an Kaiser[5]).

Fehler heißt: eine Abweichung von der Norm, die keinen (stilistischen) Gewinn mit sich bringt. Da nun Frisch als Schweizer Schriftsteller,
der auch in Deutschland gelesen wird, auf den Anspruch zweier Normen,
der Norm des Schweizerhochdeutschen und der Norm des Binnendeutschen, Rücksicht nehmen muß, kompliziert sich sein Bemühen, Fehler zu
vermeiden. Der zweifache Normanspruch kann eine skrupulöse Ängst-
lichkeit bewirken. Etwa so, daß sich die Angst vor Helvetismen auch
dort meldet, wo sie gar nicht begründet ist.

Im „Gantenbein" heißt es: *Ein Gärtner, der das faule Laub von den*
Wegen rechte (Gantenbein 387—8) — Frisch fragt sich dabei, ob
das Wort *rechen* von einem Deutschen überhaupt verstanden werden
könne, ob er nicht um der Verständlichkeit willen *harken* schreiben
müßte. Die Befürchtung ist unbegründet: zwar ist der Ausdruck
rechen nicht überregional, aber er gilt fürs ganze süd- und mittel-
deutsche Gebiet, während sein Ersatzausdruck *harken* hauptsächlich
aufs norddeutsche Gebiet beschränkt ist (vgl. Duden Rechtschreibung
S. 317, 564).

Es kommt vor, daß Frisch im Bestreben, einen (tatsächlichen oder
vermeintlichen) Helvetismus zu vermeiden, zu einem außerschweizerischen Regionalismus gelangt.

Im „Jürg Reinhart" heißt es: *Die Mutter stand in der Küche, wo*
sie das Nachtmahl vorbereitete (Reinhart 97). Der Ausdruck *Nacht-*
mahl ist ein österreichischer Regionalismus (vgl. Duden Rechtschrei-
bund S. 477), von Frisch im Erstling offenbar deshalb gewählt, weil

---

[5] Abgedruckt bei Kaiser in der Einleitung.

er ihn für „deutscher" hielt als das regional schweizerische *Nacht-essen*[6] und das überregionale *Abendessen.*

Überkompensierend kann Frisch etwas allein schon deshalb, weil es mundartfern ist, für korrektes Hochdeutsch halten. Solche überkompensierenden Rückschlüsse können zugrunde liegen, wo man sie kaum vermuten würde. Wenn in „Zürich − Transit" (32) die helvetische und mundartnahe Form *Badzimmer* (statt *Badezimmer*) vorkommt, könnte man annehmen, da sei Frisch unbemerkt ein Helvetismus unterlaufen, er habe nicht genug aufgepaßt − in Wirklichkeit hat Frisch eher zu gut aufgepaßt, denn der Form *Badzimmer* in „Zürich − Transit" liegt ein doppelter Rückschluß zugrunde:

Auf die Frage, wie man hochdeutsch das Zimmer nenne, in dem man bade, sagt Max Frisch, korrekt sei die Form *Badzimmer*. Früher (z. B. Gantenbein 308) habe er auch noch *Badezimmer* geschrieben, und zwar aus einer Unsicherheit heraus, er habe einfach das Gefühl gehabt, die Kurzform *Badzimmer* könne nicht korrekt sein, weil er sie auch in der Mundart sage (erster − und in diesem Fall richtiger − Rückschluß: die mundartferne Vollform ist korrekt). Und dann sei neuerdings eine ostdeutsche Ausgabe angefertigt worden, für die ihm der dortige Lektor alles umkorrigiert, die Vollform *Badezimmer* durch die Kurzform *Badzimmer* ersetzt habe − seither schreibe er konsequent die Kurzform (zweiter − und in diesem Fall falscher − Rückschluß: die Form, die ein deutscher Lektor vorschlägt, muß die richtige sein).

Auch die zweite Instanz, das Lektorat in Deutschland, kann sich täuschen, wenn sie die Sprache Frischs auf Überregionalität hin umkorrigiert, nicht nur die erste Instanz der Schule mit ihrer schweizerischen Spracherziehung. Der schweizerische Lehrer kann Helvetismen übersehen − ein deutscher Lektor, zumal ein norddeutscher, kann umgekehrt schon das als regional oder helvetisch empfinden, was von der Sprachform seiner eigenen (z. B. norddeutschen) Region abweicht und in Wirklichkeit allgemein süd- und mitteldeutsch oder gar überregional ist. Max Frisch erzählt,[7] bei den Proben für „Biografie" (1967) habe ihm der (norddeutsche) Regisseur Rudolf Noelte den (korrekt überregionalen) Ausdruck *Abendessen* in den (regional norddeutschen) Ausdruck *Abendbrot* um „korrigieren" wollen.

Entscheidend sind jedoch nicht solche offensichtlichen Fehlleistungen − ob Frisch selbst mit dem österreichischen *Nachtmahl* im Erstling eine

---

[6] *Nachtessen* ist auch schwäbisch.

[7] Telephonische Mitteilung von Max Frisch im September 1967.

Unsicherheit überkompensiert, oder ob ihm ein Regisseur fälschlich das norddeutsche *Abendbrot* als überregional korrekten Ausdruck vorschlägt: die Fälle bleiben anekdotisch; entscheidend für die Sprache Max Frischs ist es vielmehr, daß die Schul- und Lektoratserfahrungen in ihren zum Teil verwirrenden Korrektheitsansprüchen, daß die vertikale Spannung zwischen Mundart und Schriftsprache und die horizontale Spannung zwischen Schweizerhochdeutsch und Binnendeutsch Frisch zu einem bewußten Verhältnis gegenüber der Schriftsprache gelangen läßt, das stilistisch fruchtbar wird gerade jenseits von Korrekt und Inkorrekt.

Sich selbst sein

Zum Hochdeutschen hat Max Frisch ein bewußtes Verhältnis nicht in dem Sinn, daß ihm in jedem Fall bewußt wäre, welcher Ausdruck regional und welcher überregional ist; da kann er sich täuschen, Helvetismen sind ihm nicht immer bewußt, das helvetische *handkehrum* (Kaiser »*handkehrum*«) hält er für gemeindeutsch (Gantenbein 366: *Dann wieder, handkehrum, trinkt er, was seiner Niere nicht bekommt*), der Ausdruck *scheppern* (Faber 183: *das Scheppern der langen Röhren*) kommt ihm absolut deutsch und gar nicht schweizerisch vor, Duden stuft ihn als süddeutsch, österreichisch und schweizerisch ein (Duden Rechtschreibung S. 600, Kaiser »*scheppern*«), und so weiter.

Wenn das Korrekt-Überregionale einem stilistischen Verlust gleichkommt, kann sich bei Frisch die regionale Variante — gegen seinen Willen — sogar dann einstellen, wenn ihm ein Helvetismus bewußt geworden ist und er ihn unbedingt meiden möchte.

Häufig im Schweizerhochdeutschen ist der Akkusativ statt des binnendeutsch allein korrekten Nominativs in der Fügung *sich selbst sein* (Kaiser »*sich selbst sein*«). Heute weiß Max Frisch um diesen Helvetismus: wenn er im „Stiller" geschrieben habe *er will nicht sich selbst sein* (Stiller 332), so sei das falsch, der Basler Literaturkritiker Walter Widmer habe ihm dies, mit Recht, als Helvetismus angekreidet,[8]

---

[8] Walter Widmer in einer Rezension von Karlheinz Deschner, Talente Dichter Dilettanten, Wiesbaden 1964 in der „National-Zeitung" Basel vom 15. 1. 1965: „und manchmal ist seine (= Deschners) Argumentation schierer Unsinn, z. B. wenn er Frischs grammatischen Lieblingsschnitzer: ‚Er will nicht sich selbst sein' als ‚unschöne Wiederholung' taxiert, während es sich doch ganz einfach um grammatischen Dilettantismus handelt und um das Faktum, daß Frisch offenbar in der Schule nicht aufgepaßt hat. Das, Herr Deschner, ist ein Schweizer Provinzialismus (denn das Schweizerdeutsch kennt den Unterschied von Akkusativ und Nominativ nicht, und man kann Schweizer Schuljungen, im Spaß oder im Ernst auf Hochdeutsch, einander sagen hören: ‚Du bist einen Esel!')" — Widmers Argumentation ist nicht

richtig müsse es (wie in späteren Auflagen des „Stiller") heißen
er will nicht er selbst sein.

Doch dann heißt es im „Gantenbein" wieder mit helvetischem
Akkusativ *Er ist sich selbst* (Gantenbein 110). Das überrascht Max Frisch
(„verdammtnamaal"): er habe geglaubt, daß er im „Gantenbein" aufgepaßt und den korrekten Nominativ gewählt habe — aber offenbar
sei es ihm beim falschen Akkusativ halt doch wohler, irgend etwas an
ihm, was er jedoch nicht packen könne, gehe in der korrekten nominativi-
schen Fügung verloren. — Ist es vielleicht so, daß das nominativische
er will er selbst sein sich als statische Tautologie ausnimmt gegenüber
dem akkusativischen *er will sich selbst sein,* das die Möglichkeit gibt,
einen Vorgang in die Formulierung hineinzubringen, den Weg vom *er*
zum *sich* auch grammatisch augenfällig zu machen? — Ja, sagt Frisch,
das erkläre wohl, warum der falsche Akkusativ als Ziel des Verbs für
ihn befriedigender sei als das stagnierende *er ist er, ich bin ich.* In der
Mundart sage er selbstverständlich mit Akkusativ *ich wott miich sy,*
und im Hochdeutschen sei ihm beim Akkusativ eigentlich nur deshalb
unbehaglich, weil er wisse, daß es inkorrekt sei, sonst wäre ihm völlig
wohl dabei. Es sei ja tatsächlich ein Weg zu etwas hin, kein bloßer Zustand: Frisch geht es um den dynamischen Vorgang der Identität, das
Sich-selbst-Sein macht in seinem Werk einen Leitgedanken aus, der
„Stiller"-Satz *er will nicht sich selbst sein* steht in einer Partie, die die
Hauptperson Stiller programmatisch porträtiert. Und gegen die formu-
latorische Chance des helvetischen *sich selbst sein* kommt auch das bewußte Bemühen um Korrektheit nicht auf.

Etwas Inkorrektes kann richtiger sei: den von Frisch intendierten
Sachverhalt besser treffen.

Frisch schreibt im „Gantenbein": *er (...) brauchte nur noch den
Stempel des Amtes, das aber, wie es heißt, ein verständnisvolles
sein soll* (Gantenbein 63). Diesen Satz gibt Duden (Hauptschwierigkeiten S. 22) als Beispiel für etwas Inkorrektes: es sei nicht nur
umständlich, sondern auch unschön, ein subjekt- oder objektbezogenes
Adjektiv unnötig zu deklinieren — korrekt müsse man schreiben
(...) *das aber, wie es heißt, verständnisvoll sein soll.*

Max Frisch bemerkt dazu: daß der Satz inkorrekt sei, sei ihm sicher
klar gewesen, die Gespreiztheit habe er durchaus beabsichtigt, sie soll
eine Amtsumständlichkeit nachvollziehen, das Normale wäre selbstver-

---

ganz stichhaltig, da das Schweizerdeutsche beim Personalpronomen den
Unterschied zwischen Nominativ (z. B. *iich*) und Akkusativ (z B. *miich*)
kennt.

ständlich *das Amt soll verständnisvoll sein,* dann hätte der Satz aber keinen Witz, lustig werde er erst durch die parodierende Adjektivflexion *das Amt soll ein verständnisvolles sein.*

Also auch da würde (die von Duden postulierte) Korrektheit Verlust bedeuten, aber während sich Frischs Aufmerksamkeit im vorherigen Fall — vergeblich — darauf richtet, etwas Inkorrektes (einen Helvetismus) zu meiden, aktualisiert er hier umgekehrt bewußt etwas Inkorrektes. Das heißt: seine Wachheit gegenüber dem Hochdeutschen, ursprünglich bedingt durch die deutschschweizerische Sprachsituation und den entsprechend potenzierten Anspruch, korrekt zu schreiben, bezieht sich nicht mehr nur speziell darauf, keine Fehler zu machen, sondern allgemein darauf, aus Sprache, unter Umständen aus Inkorrektem, stilistischen Nutzen zu ziehen. Max Frisch schreibt nicht einfach drauflos. Wenn er einen früheren Text neu überarbeitet, geht es ihm nicht oder höchstens am Rand darum, eventuelle Fehler zu tilgen, sondern vor allem darum, den früheren Text stilistisch zu profilieren, vorzugsweise in Richtung Mundartnähe, also mit dem subjektiven Risiko, inkorrekt zu werden — mit einer Ausnahme: im Zusammenhang mit der Überarbeitung seines Erstlings spricht Max Frisch selbst ausdrücklich von Korrektheitsrausch, und er betont, daß er die neue Fassung von „Jürg Reinhart" sehr schnell und auch lustlos geschrieben habe — bezeichnend, daß ihm bloße Korrektheit (tatsächliche oder vermeintliche) zugleich wenig Mühe und wenig Vergnügen bereitet. Aber ging es bei der Überarbeitung des Erstlings wirklich nur um Korrektheit?

Den Anlaß zur Überarbeitung des Erstlings gab der Wunsch des Verlegers, Frisch möge doch von „Jürg Reinhart" eine gekürzte Fassung herstellen, damit man sie dem Roman „J'adore ce qui me brûle", in der die Hauptfigur ebenfalls Reinhart ist, als Vorgeschichte voranstellen könne. Also wünschte der Verleger von Frisch bloß Kürzungen, keine sprachlichen Änderungen. Offenbar wollte und konnte Frisch selbst zur Sprache seines Erstlings nicht mehr stehen — er führt die Mundartnähe über in „Korrektheit", eliminiert Kurzformen, streicht oder ersetzt *lein*- und *ig*-Bildungen, macht Ausklammerungen rückgängig, formt Relativkonstruktionen um usw. Gerade weil die Sprache von „Jürg Reinhart" in vielem forciert ist, konnte sie Max Frisch später verleiden. Unverbindliche Korrektheit bietet sich ihm an als Alternative zum nicht mehr goutierten Stil.

Forcierter Stil kann zur Marotte werden. Auch darauf richtet sich Frischs Aufmerksamkeit, daß er sprachliche Eigenheiten zurücknimmt, sobald sie ihm zur Marotte geworden sind. Er berichtet zum Beispiel, daß er heute zurückhaltend sei mit der Verwendung des Worts *allerdings,* er habe es sehr oft mißbraucht, so daß er sich heute kontrollieren müsse, ein *allerdings* streiche und lieber kahler schreibe, um nicht in eine Manier zu verfallen. Der Wille, in Sprache „sich selbst" zu sein, einerseits — die Einsicht andererseits, daß sich eine sprachliche Eigenheit abnützen, zur bloßen Marotte werden kann: dazwischen bewegt sich Max Frischs bewußtes Arbeiten mit der Schriftsprache, von allem Anfang an; es zeigt sich beim Wort *bierflaschengrün:*

> In der Besprechung von „Jürg Reinhart" lobt Eduard Korrodi 1934,[9] immer wieder finde Frisch „für die unerschöpfliche Farbenfreude des Meeres neue Vergleiche", zum Beispiel male er einmal das Wasser als *bierflaschengrün.*[10] Das sei früher so ein impressionistisches Lieblingswort gewesen, sagt Max Frisch dazu, zur Zeit von „J'adore ce qui me brûle" und eben vor allem im „Jürg Reinhart". Im „Jürg Reinhart" gebraucht er jedoch das Wort noch nicht absolut, es heißt *fast bierflaschengrün* (Reinhart 75) — für die gekürzte Fassung von 1943 streicht er das *fast* (J'adore 27) und schreibt an einer anderen Stelle, wo es 1934 (Reinhart 29) noch *dunkelgrün* hieß, nun ebenfalls *bierflaschengrün* (J'adore 11). Ist das Lob Korrodis vielleicht ein Grund für diese Änderungen: Frisch sagt, es sei durchaus möglich, daß ihm erst dieses Lob die richtige Courage gegeben habe. Und später habe er dann gemerkt, daß er in eine Masche kommt und plötzlich alles bierflaschengrün geworden wäre, deswegen habe er schließlich auf das Wort verzichten müssen. Um so mehr überrascht es ihn, zu hören, daß er im „Gantenbein" das Wort wieder verwendet: *Woge um Woge bierflaschen-grün mit einer zischelnden Rüsche von Sonnenglitzer* (Gantenbein 383).

Erinnerte Mundart

In der Mundart würde Max Frisch kaum die Farbe des Meers mit einer Bierflasche vergleichen, es wäre ihm — eben als originale Trouvaille — wohl schon zu gekonnt. Nun kennt aber auch die Mundart viele originelle Vergleiche, zum Beispiel *feischter wie in ere chue ine* (finster wie in einer Kuh, d. h. stockdunkel, Zürichdeutsches Wörterbuch S. 73), *de hüenere d schwänz uufbinde* (den Hühnern die Schwänze aufbinden, mit dem Sinn etwas Überflüssiges tun, S. 119), *vor em broot in ofe*

---

[9] „Neue Zürcher Zeitung" Jg. 1934, Nr. 1837.

[10] Vgl. zu dieser Bildung Frischs auch Max Wehrli, Gegenwartsdichtung der deutschen Schweiz (in: Deutsche Literatur in unserer Zeit), Göttingen 1959², S. 105—124: „Man möchte die schöne grüne Farbe eines Gletschers als smaragdgrün bezeichnen und muß sie doch bewußt und unwillig ‚bierflaschengrün' nennen" (S. 117).

schlüüfe (vor dem Brot in den Ofen schlüpfen, im Sinn von voreilig sein,
S. 158). Wenn Frisch in der Schriftsprache auf Originalität angewiesen
ist, könnte er sich nicht solche mundartlichen Vergleichsbilder merken,
vielleicht gar notieren, um sie bei Gelegenheit in die Schrift zu übernehmen? – Es wäre undenkbar bei Max Frisch. Seines Wissens ist es nie
vorgekommen, daß er sich einen Satz vor der Niederschrift in Mundart
zurechtgelegt hätte. Er spricht und hört Mundart, beachtet sie aber kaum.

Ist das nicht widersprüchlich: ein Schriftsteller, der bewußt Mundartliches stilistisch ausnützt, sich jedoch für die Mundart selbst eigentlich
gar nicht interessiert?

Der scheinbare Widerspruch löst sich dahin auf, daß die Mundart
für Frisch erst von der Ebene der Schriftsprache aus interessant wird.
An sich, also auf der Mundartebene, interessiert sie ihn nicht. Er berichtet, als er in „Andorra" mehr und bewußter als früher Mundartliches
habe forcieren wollen, habe er dies ohne Studium getan (ein Studium
von Mundartmerkmalen hätte zu einer Bewußtheit schon auf der Mundartebene geführt), er habe vielmehr bewußter als früher so geschrieben,
wie er sich erinnerte, daß die Leute bei uns reden. „Erinnern" sagt Frisch:
damit ist der Bewußtheitsvorgang genau formuliert. Mundartliches forciert Max Frisch gleichsam aus der Erinnerung an die Mundart, konkrete
Mundartvorbilder sind ihm dabei nicht sozusagen im Augenblick gegenwärtig, die Bewußtheit bleibt so ganz an die Schriftsprachebene gebunden. Das erklärt nun vieles.

Es erklärt, warum etwas, was Frisch als mundartlich intendiert hat,
gar keine Mundartdeckung zu haben braucht. Die Kurzform *ist's* (für
ist es) in „Andorra" kommt ihm mundartlich vor, dabei sagt er in der
Mundart nicht *isch s*, sondern *isch es*. Erinnertes ist nicht identisch mit
Tatsächlichem. Deshalb kann sich Mundartliches auch emanzipieren. In
der Erinnerung entfallen die tatsächlichen Bindungen, auf die z. B. das
Wort *büschele* in der Mundart beschränkt ist – so kann Frisch im Hochdeutschen *büscheln* auch mit Haaren (Gantenbein 18) oder Schnee (Gantenbein 33) in Verbindung bringen.

Auffallend häufig gebraucht Max Frisch den Ausdruck *reden,* wo
man hochsprachlich den Ausdruck *sprechen* erwarten würde: *jede Kell-
nerin redet amerikanisch* (Stiller 103) / *Und da meine andere Hand ihren
zarten Unterkiefer umklammerte, war sie außerstande zu reden* (Stiller
77) / *ich redete mit fremden Gesichtern in einer Milch-Bar* (Stiller 447).
Das komme sicher daher, sagt Frisch, daß er den Ausdruck *sprechen* als
Mundartwort nicht kenne, in der Mundart sage man immer *rede*. In
Wirklichkeit gebraucht er den Ausdruck *sprechen* auch in der Mundart,
er sagt z. B. *ich spriche äigetlich zimlich starch au wän ich schrybe*. Sicher

ist *spräche* kein bodenständiges Mundartwort, sondern schon eine An-
gleichung an die Schriftsprache — und eben deshalb widerlegt es nicht
Frischs Feststellung, er kenne *sprechen* nicht als Mundartwort: da er sich
an die Mundart bloß „erinnert", sind für ihn Angleichungen an die
Schriftsprache, wie sie seine tatsächliche Mundart heute aufweist, gar
nicht maßgebend.

Noch mehr: die Mundartebene ist für Max Frisch so wenig ein Ort
der bewußten Reflexion, daß er auch dort, wo seine Mundart Anlaß zu
Reflexion geben könnte, die Reflexion verdrängt und den Reflexions-
anlaß auf die Schriftsprachebene projizieren kann. Nur so nämlich läßt
sich letztlich erklären, warum Max Frisch ungern schreibt *die Axt, mit
der er zuschlug,* warum ihm die Verbindung des Relativpronomens mit
einer Präposition mißfällt und er sie (früher) bewußt zu umgehen sucht
mit dem Pronominaladverb (*die Axt, womit er zuschlug*). Diese bewußte
Allergie auf der Schriftsprachebene, an sich unerklärlich, geht zurück
auf ein unbewußtes Unbehagen in der Mundartebene: ein Unbehagen
scheint sich eingestellt zu haben, als Frisch nicht mehr wie in der älteren
(guten) Mundart sagte *d axt won er zuegschlage hät dermit,* sondern
d axt mit deren er zuegschlage hät. Die Entfernung von der guten Mundart bewirkt ein ungutes Gefühl, auf das aber Frisch erst auf der Schriftsprachebene bewußt reagiert.

Die Bestimmung, daß Mundart eine unbewußte und Schriftsprache
eine bewußte Sprache ist, muß also, da die beiden Sprachformen nicht
isolierte, fest umgrenzte Größen sind, sondern sich gegenseitig durchdringen, präzisiert werden. Ausschlaggebend für den Bewußtheitsgrad
ist die Ebene, auf der sich der Sprachvorgang abspielt: Einflüsse der
Schriftsprache auf die Mundart (z. B. die Verdrängung des relativen *wo*-
Anschlusses) spielen sich auf der Mundartebene ab und vollziehen sich
deshalb für Frisch unbewußt, unkontrolliert, passiv — Einflüsse der Mundart auf die Schriftsprache spielen sich dagegen auf der Schriftsprachebene
ab, da geht Frisch bewußt und aktiv vor, allerdings nicht so, daß er
von Beobachtungen seiner tatsächlichen Mundart ausginge (auch sie würden sich auf der Mundartebene abspielen), sondern eben so, daß Mundartliches zunächst im gefühlsmäßigen Vorgang der Erinnerung von der
Mundartebene in die Schriftsprachebene passiert und sich Frischs bewußtes Forcieren von Mundartlichem erst auf diese „erinnerte" Mundart
bezieht, die von seiner tatsächlichen abweichen kann.

Das Gefühl von Rolle

Gantenbein, der beim Kauf der Blindenbrille so tut, als verstehe
er kein Schweizerdeutsch, mit der Verkäuferin also Hochdeutsch spricht,

sagt bei dieser Gelegenheit: „Ich habe stets ein Gefühl von Rolle, wenn ich Hochdeutsch spreche" (Gantenbein 36). Hinter diesem Bekenntnis steht sicher eine Erfahrung, die auch Frisch gemacht hat: daß man als Schweizer, wenn einem die Übung fehlt (d. h. wenn man nicht viel mit Deutschen verkehrt), einen gewissen Mangel an Spontaneität verspürt beim Hochdeutschsprechen, und zwar deshalb, weil man das Hochdeutsche weitgehend nur als Schriftsprache („schrifttüütsch") gelernt hat. Ebenso sicher besteht für Frisch heute dieser Spontaneitätsmangel oder das Gefühl von Rolle beim Hochdeutschsprechen faktisch kaum mehr: er spricht heute mit Deutschen so viel Hochdeutsch, daß ihm das Hochdeutsche wohl etwa gleich selbstverständlich kommt wie die Mundart. Anders beim Schreiben. Das Hochdeutsche als Rollensprache: gilt dies nicht erst recht für den Schriftsteller Max Frisch, wenn er so bewußt und reflektiert schreibt, sich gewissermaßen beim Schreiben ständig auf die Finger schaut?

Tatsächlich sieht Max Frisch selbst einen Unterschied zwischen der Sprache, die er als Schriftsteller schreibt, und der Sprache, die er sonst — als Herr Frisch — schreibt. Im Zusammenhang mit der romantisch archaisierenden Sprache von „Santa Cruz" spricht er von Kostümierung und Verkleidung. Oder: in „Andorra" gebraucht er die Kurzform *sehn* (für *sehen*), und er sagt dazu, daß er „natürlich" sonst nicht *sehn* schreiben würde; in einem „eigenen" Text, also schon in einer Regieanweisung oder in einem Vorwort, schreibe er selbstverständlich die übliche Vollform *sehen*. Und nicht nur im Theaterstück, wo Frisch im Wortverstand Rollen schreibt — auch im Roman kann er eine Rollensprache schreiben. Der Roman „Homo faber" etwa ist in der Ich-Form geschrieben, Frisch schreibt in der Rolle des Herrn Faber, z. B. wenn es heißt *Ich war gespannt, als fliege ich zum ersten Mal in meinem Leben* (Faber 280). Von der Korrektheit her würde man da den zweiten Konjunktiv erwarten: *als flöge ich* oder *als würde ich zum ersten Mal fliegen*. Max Frisch bemerkt dazu, daß er als Herr Frisch sicher oder mindestens wahrscheinlich die korrekte Konjunktivform schreiben würde, ein korrektes *flöge* jedoch in der Feder des Herrn Faber ginge über dessen Sprachmächtigkeit hinaus, einem Faber könne man nicht zutrauen, daß er den Konjunktiv beherrscht. Es sei für ihn sehr schwierig gewesen, die Faber-Rolle auch in der Sprache durchzuhalten.

Und weil die Faber-Sprache eine Rollensprache ist, die die Verfassung von Faber demonstrieren soll, ist es leicht, in diesem Roman Sätze zu finden, die nicht nur von einer extremen Sprachverrottung zeugen, sondern auch bis an die Grenze der Verständlichkeit gehen können. Wie ist etwa dieser Satz zu verstehen: *Ich fand es ein kindisches*

Staunen, betreffend die Herbeischaffung dieser Quader (Faber 62)? Auch Max Frisch muß sich, wenn er den Satz isoliert liest, zunächst den Zusammenhang vergegenwärtigen, bevor er seinen Sinn angeben kann. Der Satz steht in einer Partie, die in Guatemala spielt: man sucht die Bauwerke der Maya auf und staunt, wie die Maya, obwohl sie das Rad nicht kannten, so große Steinquader auftürmen konnten — dieses Staunen findet Faber kindisch. Die Aussage sei eigentlich ganz simpel, sagt Frisch, er würde sie normalerweise so formulieren: *das Staunen über die Herbeischaffung dieser Quader fand ich kindisch* — so wäre der Satz sofort verständlich. Aber Faber könne solche an sich simple Gedanken nicht mehr in die richtigen Relationen bringen, er verfällt in stehende Geschäftsausdrücke, in die abkühlenden Floskeln der Briefe, die er erhält und diktiert (z. B. *betreffend Lieferung der elf Turbinen noch folgendes*). Mit solchen an sich nichtssagenden Wörtern wie *betreffend, beziehungsweise, in bezug auf,* die einen syntaktischen Bezug simulieren, will Frisch die absolute Beziehungslosigkeit Fabers demonstrieren, sein Unvermögen, etwas genau zu durchdenken. All dies liegt in der Linie der — wie Frisch sagt — „vom Autor gepflegten Sprachverrottung".

Auch der Roman „Stiller" ist in der Ich-Form geschrieben: Frisch schreibt in der Rolle von Stiller, der es abstreitet, Stiller zu sein, und seinerseits in der Rolle von Mister White schreibt. Diese Rollendialektik wirkt sich auch sprachlich aus. Der Schweizer Stiller gibt vor, Amerikaner deutscher Abstammung zu sein (vgl. Stiller 12). White könnte sich also schon dadurch als Stiller verraten, daß er ungeniert Helvetismen schreiben würde. Ein Helvetismus par excellence ist für Frisch der Ausdruck *Cervelat.* Stiller-White schreibt: *Zwar ist auch Cervelat (Bierwurst) nicht eben meine Leibspeise, zumal nicht ohne Bier, es ist eine etwas knoblauchartige Wurst, die man nach Stunden, wenn man an ganz andere Dinge denkt, noch immer riecht* (Stiller 31). White erklärt und kommentiert den Ausdruck — könnte er sich als Stiller verraten, wenn er ihn unkommentiert gebrauchen würde? Frisch glaubt es, ein Deutscher würde seiner Meinung nach *Bierwurst* sagen. *Bierwurst* ist jedoch sachlich etwas anderes als *Cervelat:* während der schweizerische *Cervelat* eine Wurst von etwa 3 cm Durchmesser und mit feinem Fleisch ist, bezeichnet man mit *Bierwurst* in Deutschland eine Wurst mit gröberen Fleischstücken und guten 10 cm Durchmesser.[11] Das heißt: White verrät sich als Stiller ausgerechnet da, wo er sich absichern möchte — ganz gleich, wie er sich als Schweizer verrät, wo er gegen die Schweiz ausfällig wird (ein Amerikaner würde sich wohl so engagiert weder positiv noch negativ für schweizerische Probleme interessieren). — Mehr noch: Erst die Rolle von

---

[11] Die Auskunft verdanke ich Herrn Dr. St. Kaiser, Tübingen.

Mister White macht es Stiller möglich, sich selbst in Sprache zu fassen.
Dort nämlich, wo er zum ersten Mal seine Identität eingesteht (Stiller
442—448), seine Rolle also aufgibt, scheint er gleichzeitig mit der Rolle
auch die Sprache zu verlieren. In dieser Partie mischen sich merkwürdig
die disparatesten Stilebenen; tappende Vergleiche (*ein Einsiedler ohne
Radio wie im Mittelalter*) und antiquiert pathetische Ausdrücke (*elendig-
lich, Zerwürfnis*) stehen neben schriftlich-steifen Umständlichkeiten (*in
Hinsicht auf, in bezug auf*):

> *und schon war der Ehrgeiz da, die Freude in Hinsicht auf An-
> erkennung, die Sorge in Hinsicht auf Geringschätzung* (443)

> *ein Einsiedler ohne Radio wie im Mittelalter, wortkarg wie ein
> Ruderer auf der Galeere, ein Mönch in bezug auf Mädchen, aber
> nur in bezug darauf* (443)

> *ich hatte meine Schmach vor Anja, glaubte vor Durst elendiglich zu
> sterben und Anja nicht wiederzusehen* (443)

> *aber an der Schwelle der Ohnmacht hatte ich Anja, meine sengende
> Schmach vor Anja* (443)

> *Immer war da ein Weib, womit ich mich täuschen konnte* (444)[12]

> *neugierig auf ihre Gedanken oder froh um ihren Widerspruch oder
> auch in schmerzlichem Zerwürfnis* (444)

> *Warum war ich nicht imstande, allein zu sein, und gezwungen, mich
> mit dieser Balletteuse zu langweilen, derart, daß ich dieses Meer-
> tier auch noch heiraten mußte?* (444)

> *die berühmte Mehlsuppe, die dieses Weib zu machen nicht geruht
> hatte* (446).

Max Frisch findet selbst, daß Stiller hier stammelt, daß solche Sätze
nicht sehr gut sind, und er möchte sie lieber nicht als repräsentativ für
seine Sprache bezeichnen. Doch sei auch hier entscheidend, ob die Aussagen vom Subjekt selbst oder von einem fremden Beobachter stammen:
ein außenstehender Beobachter hätte bei diesen Aussagen keinen Grund
zum Stammeln, wogegen dann, wenn wie hier das Subjekt selbst über
sich solche Aussagen macht, Stammelsymptome und sogar Anzeichen von
sprachlichem Versagen an sich richtig seien.

---

12 Max Frisch glaubt selbst, daß dieser Satz isoliert nicht eindeutig verständlich ist — er paraphrasiert ihn einige Zeilen weiter unten so: *in den Stunden
meiner Unfähigkeit, allein zu sein, war es stets nur ein Weib, Erinnerung
oder Hoffnung um ein Weib, womit ich meinem Alleinsein entschlüpfte*
(Stiller 444).

Ist es so, daß Max Frisch, wenn er in Sprache „sich selbst" sein will, auf eine Rolle geradezu angewiesen ist? Sucht er die sprachliche Selbstverwirklichung im Hochdeutschen, gerade weil das Hochdeutsche für ihn eine Art Rollensprache ist?

Hochdeutsch: die verfremdende Sprache

Es wäre wohl zuviel gesagt, meint Max Frisch, wenn man das Hochdeutsche in seinem Fall schlechthin als Rollensprache bezeichnen würde. Die hochdeutsche Halbfremdsprache erleichtere ihm zum einen Teil den Ausdruck, zum anderen Teil gebe es etwas, an das er nicht ganz herankomme, vielleicht auch nicht herankommen wolle. Sicher könnte er sich im Hochdeutschen besser verstellen, ebenso sicher sei der Grad an Bewußtheit bei der Formulierung im allgemeinen größer.

Frisch gebraucht den Ausdruck Halbfremdsprache. Tatsächlich kann sich sogar bei ihm, obwohl er heute Hochdeutsch wohl etwa gleich selbstverständlich spricht wie Mundart, gelegentlich das Gefühl einstellen, er schreibe in einer Fremdsprache. Zum Beispiel im Fall der Geräuschverben: er berichtet, daß er in der Mundart eine völlige Sicherheit habe, wann man *gyre* sagt und wann *gyxe* usw., daß er dagegen im Hochdeutschen fast so, wie wenn er Englisch spreche, ein bißchen hilflos sei, zwar mehrere Ausdrücke zur Verfügung habe (*ächzen, knarren, knirschen* usw.), aber eigentlich keinen, der so richtig sitze. Und doch ist das Hochdeutsche für den Schweizer zweifellos keine richtige Fremdsprache wie das Französische oder Englische, dazu stehen sich Hochdeutsch und Schweizerdeutsch denn doch zu nahe, auch muß der Schweizer das Hochdeutsche nicht wie eine richtige Fremdsprache von Grund auf sozusagen Wort für Wort erlernen, für das Verständnis genügt es, wenn gewisse Umsetzregeln begriffen sind.

Statt Halbfremdsprache: könnte man das Hochdeutsche als die verfremdende Sprache bestimmen? Damit ist Max Frisch ganz einverstanden, das sei absolut richtig.

Was in der Mundart selbstverständlich ist, verfremdet sich im Hochdeutschen. Wenn Frisch in der Mundart *am laufende band* sagt, denkt er sich dabei weiter nichts — wenn er die gleiche Wendung in der Schriftsprache gebraucht, verfremdet sie sich, er sieht nun wirklich ein Band, das läuft, so daß er dann auch, das Alltagsklischee verfremdend, schreiben kann *Wir leben auf einem laufenden Band* (Tagebuch 21) oder mit Stillers Vorwurf *du hast mir ja am laufenden Band verziehen, ich weiß, ohne eine Minute der Erschütterung* (Stiller 194) formulatorisch einkalkuliert,

daß damit das Verzeihen als sinnentleerter Fließbandmechanismus entlarvt wird. Kein Wunder, daß Frisch die Schriftsprache gern als Rollensprache funktionalisiert („jedes Ich, das sich ausspricht, ist eine Rolle":
Gantenbein 72), sie im Wechsel vom Gehobenen zum Gewöhnlichen
ironisch bricht. Die Verfremdung des Hochdeutschen wirkt enthemmend
und distanzierend zugleich. Max Frisch braucht diese Verfremdung,
um in Sprache sich selbst verwirklichen zu können.

grammatisch / stilistisch

Das dialektische Prinzip

Immer wieder zeigt sich ein dialektisches Prinzip:

Das Hochdeutsche stellt sich Frisch weitgehend als Schriftsprache vor (als „schrifttüütsch"), Mundart ist die Sprache, die er nur spricht — und gerade die Gesprochenheit ist ein Hauptkennzeichen seines Stils.

Mundart ist eine Sprache eher für Konkretes, Hochdeutsch eher eine Sprache für Abstraktes — Frisch neigt dazu, die abstrakt-logischen Bezüge nicht zu explizieren, sein Stil tendiert zu einer locker-assoziativen und in diesem Sinn konkreten Syntax.

Das Hochdeutsche ist in der Vorstellung Max Frischs die gehobene Sprache, Mundart dagegen gewöhnlich — aber seine Sprache hat (weniger in den frühen als in den späteren Werken) einen starken Zug zum Saloppen.

Die Mundart empfindet Max Frisch als Kollektivsprache, das Hochdeutsche als individuelle Sprache — sein Deutsch wird individuell nicht zuletzt dadurch, daß er Elemente aus seiner Kollektivsprache ins Hochdeutsche übernimmt, sie als individuelle Stilkennzeichen verwertet.

Mundart beachtet Frisch kaum, sie ist ihm eine unbewußte Sprache, im Hochdeutschen ist der Bewußtheitsgrad bei der Formulierung größer — in „Andorra" richtet sich seine sprachliche Aufmerksamkeit gerade darauf, Mundartliches zu forcieren.

Das heißt, auf eine Formel reduziert: Max Frisch kommt zu seinem individuellen Stil nicht zuletzt dadurch, daß er im Hochdeutschen bewußt die gegenüber seiner Schriftsprachvorstellung komplementären Mundarteigenschaften des Gesprochenen, Konkreten und Gewöhnlichen aktualisiert. An sich jedoch wären die Eigenschaften des Gesprochenen, Konkreten, Gewöhnlichen noch keine stilistischen Kategorien. Die Dialektik setzt sich fort: stilistisch werden sie bei Frisch erst deshalb, weil sie in einer Spannung stehen zu den Schriftspracheigenschaften des Schriftlichen, Abstrakten, Gehobenen, die Max Frisch in seinem Hochdeutsch ebenfalls aktualisiert.

Die Kurzformen in der Sprache der Andorraner wirken gesprochen (*der Jud, die Leut, hierzuland, drum* usw.), mit ihnen hat Frisch einen mundartlichen Sprachton beabsichtigt — die Senora dagegen, keine Andorranerin, sondern eine Schwarze, spricht im gleichen Stück „schrifttüütsch", sie gebraucht die schriftlichen Vollformen (*hierzulande, darum, ist es* usw.).

Frisch gebraucht nicht nur den mundartlich-helvetischen Ausdruck *Coiffeur*, den er in seiner aufsässigen Realität als „konkret" empfindet — daneben schreibt er auch *Haarschneider*, von ihm als abstrakte Bezeichnung einer Gattung empfunden und in seiner Sicht der überregional-korrekte Ausdruck, in Wirklichkeit ein Wort, das eigentlich nur im Wörterbuch vorkommt und von einem Deutschen im konkreten Alltag kaum je gebraucht wird.

In dem Stück „Biedermann und die Brandstifter" ist der Dialog im allgemeinen gewöhnlich bis salopp — der Chor der Feuerwehrleute ist aber geschrieben in einer extrem dichterisch-gehobenen Form, nämlich nach dem Muster des Sophokleischen Chorlieds.

In einer doppelten Stufung vollzieht sich bei Max Frisch also der Umschlag vom Grammatischen ins Stilistische. Einmal dialektisch so, daß Frisch im Hochdeutschen die anti-schriftsprachlichen Mundarteigenschaften aktualisiert. Das an sich würde jedoch noch nicht genügen. Wenn es genügen würde, könnte Frisch ebensogut gleich Mundart schreiben. Frischs Sprache ist weder Mundart, noch deckt sie sich mit seiner Vorstellung Schriftsprache — sie realisiert sich in der Spannung zwischen Mundart und Schriftsprache, indem sie die komplementären Eigenschaften der beiden grammatisch verschiedenen Sprachformen im Spielraum des Hochdeutschen nachvollzieht.

Aber liegt dem dialektischen Umschlag vom Grammatischen ins Stilistische, bei Max Frisch formulierbar in der Relation zur deutschschweizerischen Sprachsituation, nicht etwas viel Allgemeineres zugrunde, das nicht nur für die besondere Situation des Deutschschweizer Schriftstellers gilt?

Was heißt stilistische Sprache?

Angenommen, der Unterschied zwischen grammatischer und stilistischer Sprache gelte allgemein, nicht nur von der deutschschweizerischen Sprachsituation aus. Wie aber soll der Unterschied etabliert werden?

Von Stil kann man sprechen im Zusammenhang mit Schulaufsätzen, Zeitungsartikeln, Geschäftsbriefen, Werbetexten, Kioskromanen usw., also im Zusammenhang nicht nur mit eigentlicher Literatur, sondern mit praktisch jeder sprachlichen Äußerung. Es ist klar, daß jede sprachliche Äußerung eines Individuums unweigerlich individuell werden muß, da sie immer eine ganz spezifische Kombination von Sprachmitteln aktualisiert. Ob sich Max Frisch mit einem Taxifahrer übers Wetter unterhält oder ob er einen Roman schreibt: seine Sprache wird in beiden Fällen unweigerlich irgendwie individuell und hat in diesem weitesten Sinn ihren Stil. Und doch würde es kaum jemandem einfallen, die Sprache, die Frisch im Alltag gebraucht, gleichzustellen der Sprache seines literarischen Werks. Es scheint sinnvoll, im einen Fall von bloß grammatischer Sprache zu sprechen, im anderen von stilistischer Sprache. Nur muß dann der Begriff „stilistisch" enger gefaßt werden. Wie?

Der Unterschied liegt zunächst im Anspruch. Wenn ein Schriftsteller einen Roman schreibt, erhebt er den Anspruch auf Literatur, das heißt praktisch, er hat zum Beispiel die Hoffnung, daß seine sprachliche Äußerung von Literaturkritikern — zustimmend oder ablehnend — besprochen oder mindestens beachtet wird. Der 23jährige Max Frisch ist denn auch enttäuscht über das geringe Echo, das sein Erstling „Jürg Reinhart" gefunden hat, meldet sich in der „Neuen Züricher Zeitung":[1] da klage man, in der schweizerischen erzählenden Kunst fehle es an Rekruten. „Und nun, da es Rekruten gibt, mangelt es an Aushebungsoffizieren."

Selbstverständlich sagt der Anspruch auf Literatur noch nichts aus über die Qualität dieser Sprache. Auch ein schlechter Schriftsteller kann ihn intendieren, und wenn der Begriff „stilistisch" definiert wird aufgrund einer spezifischen Intention der sprachlichen Äußerung, ist auch seine Sprache stilistisch. Ebensowenig impliziert die einschränkende Definition stilistischer Sprache bestimmte Gattungen, etwa Roman oder Theaterstück — stilistische Sprache ist auch außerhalb der konventionellen Gattungen möglich, gerade Max Frisch gibt dafür ein Beispiel mit seinem „Tagebuch 1946—1949": da es den Anspruch auf Literatur erhebt, ist seine Sprache definitionsgemäß stilistisch, obwohl die Form des Tagebuchs nicht zu den konventionellen literarischen Gattungen gehört.

Die Mundart Frischs ist eine bloß grammatische Sprache, weil Frisch mit ihr nie den Anspruch auf Literatur erhebt. Max Frisch ist in erster Linie ein deutschsprachiger Autor, erst in zweiter Linie Deutschschweizer Schriftsteller. Und der Unterschied zwischen grammatischer und stilistischer Sprache besteht schon innerhalb des Hochdeutschen. Auch das Hochdeutsch, das Frisch in seinem Alltag, also ohne Anspruch auf Literatur, spricht, ist keine stilistische Sprache, sondern eine bloß grammatische. Läßt sich nun — intern hochdeutsch, von der deutschschweize-

---

[1] „Neue Zürcher Zeitung" Jg. 1934, Nr. 1837.

rischen Sprachsituation jetzt einmal abgesehen — ein typologischer Unterschied zwischen bloß grammatischer Sprache und stilistischer Sprache
überhaupt empirisch nachweisen?

Frisch schreibt einen Stil, der gesprochen wirkt — es scheint jedoch
im heutigen Deutsch ganz allgemein eine Tendenz dahin zu gehen, daß
sich das geschriebene Deutsch (die Hochsprache) dem gesprochenen
Deutsch (der Umgangssprache) annähert, nach Duden „eine Tatsache,
die mit der sozialen Umschichtung der modernen Gesellschaft zusammenhängt" (Grammatik S. 25). Duden kann denn auch in manchen Fällen
mit Frisch-Zitaten allgemeine Tendenzen im Gegenwartsdeutsch belegen.

Zum Beispiel die zunehmende Ausklammerung von Satzteilen, die
traditionell-schriftsprachlich noch in die verbale Klammer gerückt wurden (Duden Hauptschwierigkeiten S. 90): sie ist wohl eine der wichtigsten
Wandel im Gegenwartsdeutsch. Auch in der traditionellen Schriftsprache
gilt die Regel der verbalen Klammer nicht ausnahmslos (vgl. Duden
Grammatik § 7040, Hauptschwierigkeiten S. 90) — in Extremfällen, d. h.
dann, wenn der Satzteil zu lang ist und das Verb nachklappen würde, ist
die Ausklammerung auch traditionell-schriftsprachlich üblich. Die Ausklammerungstendenz im Gegenwartsdeutsch läßt sich also begreifen als
gewissermaßen „natürliche" Weiterentwicklung. Wenn Frischs Neigung
zur Ausklammerung in dieser natürlichen grammatischen Entwicklung
liegt, müßte man erwarten, daß er zuerst längere und erst dann auch
kürzere Satzteile ausklammert. Und dem ist nicht so.

Es zeigt sich modellhaft bei einem Satz, der im Erstling „Jürg Reinhart" vorkommt und dann, wortstellungsmäßig verändert, in „J'adore
ce qui me brûle":

1934 heißt er: *man mußte diese Wasserscheibe, die sich hinwölbte
vom Unabsehbaren ins Unabsehbare, zerschlagen* (Reinhart 93).

1943 dagegen: *Am Ende mußte man diese Wasserscheibe zerschlagen, die sich vom Unabsehbaren ins Unabsehbare wölbte* (J'adore
35).

1934 ein in vielem forcierter Stil, den Max Frisch 1943 im Zeichen
eines Korrektheitsrausches reduzieren will. Forciert im „Jürg Reinhart"
sind die zahlreichen Ausklammerungen — über 50mal macht sie Frisch
1943 rückgängig, so auch hier, wenn er den Satz *vom Unabsehbaren
ins Unabsehbare* zurückführt in die verbale Klammer (*die sich...
wölbte*). Umgekehrt aber — und das ist jetzt entscheidend — klammert er
1943 einen viel längeren Satzteil, nämlich den ganzen Relativsatz, aus.
Also genau gegenläufig zur „natürlichen" grammatischen Entwicklung
erfaßt die Ausklammerungstendenz bei Frisch zunächst die kürzeren

Satzteile und erst nachher die längeren Satzteile. Das äußere Resultat
mag im Einzelfall das gleiche sein, Ausklammerungen etwa im „Homo
faber" mögen tatsächlich formal allgemein grammatische Tendenzen
repräsentieren — der empirisch feststellbare Unterschied zwischen bloß
grammatischer und stilistischer Sprache liegt in der Entwicklung: Stilistische Sprache entwickelt sich nicht „natürlich", sondern eben „künstlich".

Stilistische Sprache ist Aussage plus etwas

Nicht bloß in ihrer Entwicklung ist stilistische Sprache künstlich.
Die Künstlichkeit läßt sich schon an ihrem Zustand beobachten. Etwas
überkommentierend könnte man sagen: im Satz *man mußte diese Wasserscheibe, die sich hinwölbte vom Unabsehbaren ins Unabsehbare, zerschlagen* (Reinhart 93) vertritt der ausgeklammerte Satzteil *vom Unabsehbaren ins Unabsehbare* die Mundart (Ausklammerung ist grundsätzlich
etwas Mundartnahes), der eingeklammerte Relativsatz und das nach-
klappende Verb *zerschlagen* dagegen die Schriftsprache in der hyper-
korrekten Schweizer Vorstellung (so daß man dort überkompensierend
einklammert, wo die traditionell-schriftsprachliche Norm die Ausklammerung durchaus zuließe). Eine solche Spannweite zwischen Mundartlichkeit und Superschriftlichkeit im gleichen Satz muß sich unweigerlich
künstlich ausnehmen. Und tatsächlich läßt sich im „Jürg Reinhart" diese
Spannweite (und deren Verminderung in „J'adore ce qui me brûle")
auch sonst beobachten, etwa bei den Wortbildungsmitteln. So fällt
auf, daß neben Bildungen mit dem mundartlichen, grammatisch
plurivalenten und in diesem Sinn konkreten Adjektivsuffix *-ig* hyper-
abstrakte Substantive auf schriftliches *-igkeit, -lichkeit, -heit* vorkommen,
und daß in „J'adore ce qui me brûle" die Extreme in beiden Richtungen
abgebaut werden.

Im „Jürg Reinhart" heißt es *silbrig* (Reinhart 7), *glitzerig* (11),
spitzig (166), *störrig* (210), wo Frisch 1943 in „J'adore ce qui me
brûle" *silbern* (J'adore 7), *glitzernd* (8), *spitz* (59), *störrisch* (66)
schreibt.

Und was die schriftlichen Extreme betrifft: 1934 schreibt Frisch
Maskenhaftigkeit (Reinhart 142), *Grelligkeit* (67), *Machtlosigkeit*
(108), *Zufälligkeit* (162), *Traurigkeit* (220), *Unwilligkeit* (222) usw.
— 1943 heißt es dafür *Maske* (J'adore 54), *Überfülle des Lichtes* (24),
Ohnmacht (41), *Zufall* (60), *Schwermut* (71), *Unwille* (72).

Und auch da kann die Spannweite zwischen den Extremen bis in den
einzelnen Satz hineinspielen. Im „Jürg Reinhart" scheint ein Satz Frisch

besonders gut gefallen zu haben, da er ihn fast leitmotivisch immer wieder aufnimmt (Reinhart/J'adore 7/7, 64/22, 209/65, 240/79). Er heißt: *Wieder lag das Meer in silbriger und makelloser Zartheit* (Reinhart 64). Ein mundartliches *ig*-Adjektiv steht neben einer schriftlichen Abstraktbildung auf *-heit*. Daß Max Frisch diesen Gegensatz selbst empfunden hat (und 1934 vielleicht gerade in ihm den stilistischen Reiz des Satzes sah), zeigt wieder die Fassung von 1943, wo er an allen Stellen *silbrig* durch *silbern* und die *heit*-Bildung *Zartheit* durch die Nicht-*heit*-Bildung *Glanz* ersetzt.

1934 eine extreme Spannweite zwischen Mundartlichkeit und Schriftlichkeit, die Max Frisch 1943 reduziert. Gleichzeitig reduziert sich 1943 gegenüber 1934 etwas anderes: nämlich der Anspruch auf Literatur. Mit seinem Erstling hofft Frisch auf ein Echo bei Literaturkritikern und ist enttäuscht, da es ausbleibt — 1943 dagegen möchte er mit dem ersten Abschnitt von „J'adore ce qui me brûle" gerade nicht literarisch behaftet werden: er stellt ihm eine entschuldigende Vorbemerkung[2] voran, wo er ausdrücklich literarische Bedenken anmeldet. Der Auszug aus dem Erstling soll die „jugendliche Vorgeschichte" geben und nicht mehr, d. h., er soll vom Literaturkritiker gar nicht ernst genommen werden.[3]

Wenn nun stilistische Sprache definiert ist als Sprache, die Anspruch auf Literatur erhebt, bloß grammatische Sprache dagegen als Sprache ohne diesen Anspruch — dann spiegelt sich in den beiden Fassungen von „Jürg Reinhart" eben dieser Unterschied. Während sich bei den anderen Texten, die in verschiedenen Fassungen vorliegen, so etwas wie ein Stilwandel meldet, jede Fassung also grundsätzlich den Anspruch auf Literatur erhebt und damit grundsätzlich — nur in verschiedener Ausprägung,

---

[2] Sie lautet: „Das erste Stück, Reinhart oder die Jugend, ist der Auszug aus einem Roman, der als Erstling, damals mit einem dreifachen Umfang, in der Deutschen Verlagsanstalt Stuttgart erschienen ist; es wäre unbescheiden, zu erwarten, daß der Leser jene jugendliche Vorgeschichte kenne, ebenso unbillig aber, wenn wir von einem Menschen unsrer Erzählung — nur aus literarischen Bedenken — gerade die Jugend unterschlügen."

[3] Um Mißverständnisse auszuschließen: Der erste Teil von „J'adore ce qui me brûle oder die Schwierigen" in der Erstausgabe von 1943 ist nicht identisch mit dem ersten Teil in der — von Kaiser benützten — Neuausgabe von 1957 (mit dem umgewechselten Titel „Die Schwierigen oder J'adore ce qui me brûle"). In der Neuausgabe von 1957 hat Frisch den ersten Teil von 1943 unterschlagen, deshalb fehlt in ihr denn auch die entschuldigende Vorbemerkung (der erste Teil in der Neuausgabe von 1957 trägt die Überschrift „Hinkelmann / oder ein Zwischenspiel" — das ist in der Erstausgabe von 1953 der zweite Teil, der erste trägt die Überschrift „Reinhart / oder die Jugend").

entsprechend dem sich verlagernden Stilwillen — stilistisch ist, wird hier nicht ein früherer und jetzt nicht mehr goutierter Stil durch einen neuen ersetzt, sondern die stilistische Intention überhaupt aufgegeben. Deshalb ist dieser Text in seinen beiden Fassungen so aufschlußreich, aufschlußreicher als die anderen Texte, die in verschiedenen Fassungen vorliegen. Wenn die gleiche Aussage sowohl in stilistischer als auch in bloß grammatischer Sprache geschrieben werden kann, dann ist bei Max Frisch das Stilistische — zumindest im „Jürg Reinhart" — offenbar etwas, das unabhängig von der Aussage existiert. Das Stilistische läßt sich von der Aussage isolieren, indem man die Fassung von 1943 gewissermaßen von der ersten „Reinhart"-Fassung subtrahiert. Stilistische Sprache ist Aussage plus etwas. Als Konstruktion mag das einleuchten. Ist es mehr als eine Konstruktion?

1967, bei einer literarischen Matinee im Hechtplatz-Theater Zürich,[4] im Zusammenhang mit dem Spiel „Biografie", sagte Max Frisch: „Jeder Dialog auf der Bühne ist gestellt: er drückt mehr aus, als gesagt wird." Das bestätigt: gestellt (d. h. künstlich) ist stilistische Sprache, weil sie mehr ist als bloße Aussage, also Aussage plus etwas. Und von einer anderen Seite bestätigt sich die Konstruktion auch: es kommt vor, daß Max Frisch dieses Plus — man kann es Ausdruck nennen — tatsächlich isoliert erfährt. Er erzählt, daß er sehr oft, wenn ihm gerade nichts einfalle oder wenn er nichts zu sagen habe, beim Autofahren oder beim Zähneputzen oder in der Badewanne, mit irgendeinem nichtssagenden Satz spiele, alle seine Varianten ausprobiere, soweit sie im Hochdeutschen möglich seien, Umstellungen seien ja im Hochdeutschen fast unbeschränkt möglich (z. B. *man konnte nicht mehr mit ihm reden / man konnte nicht mehr reden mit ihm / reden konnte man nicht mehr mit ihm* usw.) und schaue, was es hergibt. Ein solches Spielen mit der Sprache ist nichts anderes als ein Spiel mit dem Ausdruck, isoliert von jeder Aussage, sozusagen ein stilistisches Trockentraining.

Man darf also — die spätere „Reinhart"-Fassung von der früheren subtrahierend — das Stilistische im „Jürg Reinhart" isolieren. Dann zeigt sich, da die Reduktion des Anspruchs auf Literatur gekoppelt ist mit der Reduktion einer extremen sprachlichen Spannweite, wie direkt bei Max Frisch die im Spielraum des Hochdeutschen nachvollzogene Spannung zwischen Mundart und Schriftsprache mit der Intention stilistischer Sprache zusammenhängt, wie sich bei ihm die stilistische Sprache geradezu konstituiert in dieser künstlichen Spannung zwischen mundartlichen und superschriftlichen Elementen.

---

[4] Lesung am 12. November 1967. Der Text ist nicht publiziert.

Imitation ist kindisch

Stilistische Sprache ist bei Max Frisch künstlich zusammengesetzt aus zwei Teilen: aus der Aussage und dem Ausdruck, der von ihr isoliert werden kann. Das heißt nun aber nicht, daß für Frisch das Wie der Aussage mit ihrem Was nicht zwingend verbunden, daß also Stil eine zwar dekorative, aber im Grund überflüssige Zugabe wäre. Max Frisch wäre ehrlich genug, dann auf jeden Stil zu verzichten. Es heißt vielmehr, daß für Frisch die Verbindung einer Aussage mit einem bestimmten Stil nicht schon vorgegeben ist, sondern gesucht und erarbeitet werden muß. Das Zwingende stellt sich erst nachträglich ein, nämlich als Resultat der schriftstellerischen Arbeit.

Dafür ein (früheres) Beispiel.

Wenn Frisch auf der Bühne Aussagen über einen Juden machen will, ist es ihm nicht zwingend vorgegeben, daß er die Kurzform *Jud* statt der Vollform *Jude* schreibt. Die gleiche Aussage läßt an sich beide Möglichkeiten zu. In der Tagebuchnotiz „Der andorranische Jude" (Tagebuch 35—37), dem ersten skizzenhaften Entwurf zur Aussage von „Andorra", gebraucht er durchweg die Vollform *Jude*. Auf der Bühne dagegen sprechen die Andorraner in der Kurzform vom *Jud*. Wieso ist die Kurzform in „Andorra" zwingend? Aus drei Gründen: erstens haben die Kurzformen die Funktion, die Sprechweise der Andorraner einheitlich zu charakterisieren; das Problem habe zunächst darin bestanden, berichtet Frisch, eine Sprache zu erfinden, die dem Ort Andorra eine gewisse Einheit gibt — zweitens habe er mit den Kurzformen zeigen wollen, daß die Andorraner nicht wie aus einem Buch sprechen, sondern wie Einheimische, also „gesprochen" — und drittens soll die Form *Jud* anklingen ans schweizerdeutsche *juud* und damit dem Schweizer Publikum das Alibi ausreden, in der Schweiz habe es ja gar keine Judenverfolgungen gegeben.

Die Kurzform *Jud* in „Andorra" ist also mehr als eine dekorative Zugabe (etwa im Zeichen einer Brecht-Mode) — sie steht in einem funktionalen Zusammenhang mit der Aussage. Max Frisch nennt die Sprache der Andorraner eine nicht existierende Umgangssprache — zwingend mit der Aussage verbunden ist sie eben deshalb, weil sie künstlich ist, gestellt, kalkuliert. Die Mundart kennt Frisch als eine bloß grammatische Sprache. Einen Mundartdialog könnte er nie auf diese Art kalkulieren, dazu ist er auf eine Kunstsprache angewiesen, also auf das Hochdeutsche, das er selbst einmal als „Kunst-Materie" bezeichnet (im Brief an Kaiser). Und doch — die Kalkulationen, die Frisch in „Andorra" zur Kurzform *Jud*

genötigt haben, würden hinfällig, wenn er die Aussage von „Andorra"
als Mundartdialog geschrieben hätte. Ein zürichdeutscher Dialog würde
automatisch die Figuren einheitlich charakterisieren, Mundart wäre zum
vornherein gesprochene Sprache, auch müßte das Schweizer Publikum
unweigerlich merken, daß es Frisch um den latenten, sogenannt biederen
Antisemitismus geht. Warum also nicht gleich Mundart, wenn sie zum
gleichen Resultat zu führen scheint? Warum der Umweg übers Hochdeutsche?

Weil das Resultat nur gleich scheint, es jedoch nicht ist. Tatsächlich
trifft die Frage, ob „Andorra" auch auf Mundart möglich wäre, bei Max
Frisch etwas Zentrales. Das deutschschweizerische Sprachproblem ist bei
Max Frisch direkt verbunden mit der Problematik seines schriftstellerischen Schaffens überhaupt.

Ein Mundartdialog fiele ihm zum vornherein viel schwerer, sagt
Frisch. Aber Schwierigkeit ist für ihn an sich noch kein Hindernis, im
Gegenteil, gerade eine Krise kann sich bei ihm produktiv auswirken.
Auch der zweite Grund, den er im Gespräch 1966 nennt, reicht nicht
ganz aus: er habe mit „Andorra" ein allgemeingültiges Modell geben
wollen, nicht eine auf die Schweiz beschränkte Aussage — man
könnte sich sehr wohl vorstellen, daß die Aussage von „Andorra",
exemplifiziert in einem schweizerdeutschen Dialog, Verbindlichkeit weit
über das bloß Schweizerische hinaus hätte erhalten können. Der Grund
dafür, warum Frisch „Andorra" hochdeutsch geschrieben hat, liegt tiefer.

1967 sagt Max Frisch bei der Matinee im Hechtplatz-Theater[5] (im
Zusammenhang mit dem Spiel „Biografie"):

„Die einzige Realität, die auf der Bühne stattfindet, ist, daß auf der
Bühne gespielt wird. Jede Schauspielerei, die darüber hinwegzu-
täuschen sich bemüht, wird kindisch; Realität durch Imitation von
Realität, das kann auch dramaturgisch niemals eine Methode sein."

In diesem Sinn wäre „Andorra" auf Zürichdeutsch für Frisch kindisch. Es könnte nicht mehr im modellhaften Andorra spielen, es müßte
in der Schweiz lokalisiert werden, zum Beispiel in Zürich: die Bühne
hätte das Abbild einer Realität abzugeben, wie sie in Zürich möglich
wäre, etwa mit einer streng naturalistisch wiedergegebenen zürcherischen
Häuserflucht als Kulisse. Ein schweizerdeutscher Dialog könnte sich nicht
auf dem südländischen Platz (so die Bühnenvorschrift Andorra 347) abspielen. Der Soldat müßte die Uniform der schweizerischen Armee tragen.
Und so weiter. Die Bühne wäre nicht identisch mit sich selbst — sie würde
zürcherische Realität imitieren.

---

[5] Nicht publizierter Text der Lesung vom 12. November 1967.

Frisch fährt fort:

„Ein Märchentheater, das uns Feen und Riesen und Meerkatzen und
Teufel und Geister und Elfen auf die Bühne zaubert, ist natürlich
nicht kindisch, weil es nichts imitiert, sondern etwas imaginiert. Das
Kindische, das übrigens virtuos sein kann, entsteht erst, wenn auf
der Bühne gewöhnliche Leute vorgestellt werden (. . .)."

In einem Mundart-„Andorra" müßten die Figuren als gewöhnliche
Zürcher Müller, Meier, Bohnenblust oder so ähnlich heißen — die Andorraner heißen Prader, Ferrer, Fedri, Peider, das sind mindestens für
schweizerische Verhältnisse nicht gewöhnliche Namen — Namen, die nicht
imitieren, sondern imaginieren.

Dann sagt Frisch:

„Wozu Imitation? Dabei, wenn imitiert wird, sind wir uns in jedem
Augenblick (. . .) bewußt: da vorne wird kein wirkliches Kind ge-
zeugt. Ich gehe ins Theater ja auch nicht als Voyeur. Eine Um-
armung, ein Sterben: wäre es nicht Spiel, sondern das bare Leben,
so gehörte es nicht vor die Öffentlichkeit. Und auch das ist uns ja
bewußt: wir, die Zuschauer, sind zugegen. Wie soll ich Vorkomm-
nisse, die — wir wissen's doch — nie vor der Öffentlichkeit statt-
finden, vor aller Öffentlichkeit für das bare Leben nehmen? Und
vor allem: Wozu? Vom baren Leben gibt's genug. Wozu also ein
sogenannter Realismus der Darstellung, der bestenfalls etwas Un-
gehöriges erreicht, die Illusion, die mich zum Voyeur macht. Was
das Theater vermag, ist mehr, nämlich was das bare Leben nicht
zuläßt: Spiel — wie Beckett neulich hinzufügte: und nichts weniger.
Spiel ist aber nicht Kopie der Realität, sondern deren Interpretation
auf der Bühne unseres Bewußtseins. Und von daher, meine ich,
müßte der Schauspieler spielen: nicht Szene gleich Leben, er ist sich
bewußt, daß er sich und uns etwas vorstellt, und ich möchte
sehen, daß er sich dessen bewußt ist. Bewußt heißt nicht unbeteiligt. Er reagiert auf das Vorgestellte, wie wir auf Erinnertes
reagieren, indem uns jetzt bewußt wird, was uns damals nicht bewußt gewesen ist."

Das, was Max Frisch hier vom Schauspieler verlangt, charakterisiert
gleichzeitig seine eigene Art, einen Bühnendialog zu schreiben: er schreibt
ihn bewußt, kalkuliert ihn, und man soll das auch sehen, bewußt forciert
er in „Andorra" Mundartliches, und zwar nicht so, daß er sich die Sätze
vorher in der Mundart zurechtlegen und sie dann mechanisch ins Hochdeutsche umsetzen würde, sondern so, daß er sich an die Mundart bloß
erinnert, auf diese „erinnerte" Mundart reagiert und auf der Ebene des

Hochdeutschen schreibt, was ihm auf der Mundartebene gar nicht bewußt ist.

Weiter:

> „Das bedingt, daß die Situationen nicht als Leben jetzt und hier imitiert werden, sie werden vorgespielt, gestellt. Der Schauspieler braucht nicht glaubhaft zu machen, daß er jetzt Tee trinke, er zeigt nur an: in dieser Stellung, die Teetasse in der Hand, sagt Kürmann[6] das und das."

Auch dies läßt sich auf die Sprache beziehen. Der Unterschied zwischen imitiertem Teetrinken und bloß angezeigtem Teetrinken: genauso würde sich ein Mundartdialog vom zwar mundartlichen, aber hochdeutschen Bühnendialog in „Andorra" unterscheiden. In einem Mundartdialog wäre das Wort *juud* Mundart jetzt und hier, bare gesprochene Sprache — mit der mundartlichen Kurzform *Jud* wird die Mundart und die Gesprochenheit bloß angezeigt. Tatsächliche Mundart verhält sich zur mundartlich forcierten Sprechweise der Andorraner wie das natürliche So-Sein zum künstlichen Zeigen, daß es so ist.

„Etwas Marionettenhaftes wäre mir nicht unerwünscht." Und zwar fasziniert Frisch am Marionettenspiel vor allem die Sprache. Er schreibt 1945 in der „Neuen Zürcher Zeitung"[7] nach dem Besuch eines Marionettenspiels: „Was uns in Entzücken versetzt hat, das war das Wort, die wieder eroberte Macht des Wortes, das sich nicht verwechseln läßt mit der Rede unseres Alltags. Das Wort im Puppenspiel ist von vornherein überhöht, unnatürlich, schon weil es von der Puppe gelöst ist, gleichsam über ihr lebt, dazu größer, als es ihrem Brustkorb entspräche; das Wort als Hauptmacht, es ist mehr als jenes begleitende Geräusch, mehr als die Rede unseres Alltags, mehr als ein unbeholfenes und beiläufiges Mittel unseres menschlichen Ausdrucks, es ist eigenmächtig, es ist das Wort, das im Anfang war, das alles erschaffende Wort, es ist Sprache. Das Puppenspiel, im Gegensatz zur großen Bühne, kann niemals sich mit der Natur verwechseln; es ist ihm nur eines möglich, Dichtung — sie ist sein einziger Spielraum." Von daher begreift man erst richtig, wieso Frisch auf der Bühne nicht ungern etwas Marionettenhaftes sähe. Das Marionettenhafte der schauspielerischen Haltung entspricht Max Frischs Intention, für die Bühne eine künstliche Sprache zu schaffen, und das ist ihm nur im Hochdeutschen, in der „Kunst-Materie", möglich, nicht in der

---

[6] Kürmann ist die männliche Hauptperson im Spiel „Biografie".

[7] „Neue Zürcher Zeitung" Jg. 1945, Nr. 289 — Frisch hat den Text — leicht verändert — später ins „Tagebuch 1946—1949" aufgenommen (Tagebuch 153—156).

Mundart, der Rede des Alltags, die bloß grammatisch und für die Bühne
zu natürlich wäre.

Max Frisch sagte 1967 im Hechtplatz-Theater weiter:

> „Meistens ist auf unserer Bühne zuviel Natürlichkeit. Auch der Dia-
> log auf der Bühne ist gestellt: er drückt mehr aus, als gesagt wird,
> gestellt von einem Bewußtsein, das sich ausdrückt. Dieses Gestellte
> zu überspielen, ist nicht der Zweck der Schauspielkunst, aber eine
> Versuchung, leider, immer wieder."

Dann kam er noch speziell auf seine beiden letzten Stücke zu
sprechen:

> „,Biedermann und die Brandstifter' sowie ,Andorra' haben sich vor
> dem Imitiertheater zu retten versucht in die Parabel. Ein erprobtes
> Verfahren nicht erst seit Brecht. Sinnspiel, das heißt: Realität, die
> gemeint ist, wird nicht auf der Bühne imitiert, sie kommt uns zum
> Bewußtsein lediglich durch den Sinn, den das Spiel produziert."

Mit der Aussage von „Andorra" ist die Schweiz gemeint. Wenn
Frisch die Realität Schweiz auf der Bühne imitieren würde, könnte der
Schweizer Zuschauer einwenden, die Schweiz sei nicht so, sie sei falsch
imitiert — indem Frisch das Muster der Schweiz in ein Modell, eine
Parabel transponiert, provoziert er beim Zuschauer lediglich eine Ant-
wort auf die Frage, ob die Schweiz nicht so sein könnte.

Weiter:

> „Die Szenen selbst geben sich offenkundig als ungeschichtlich, als
> Beispiele fingiert, als Modell und also aus Kunststoff. Das verleitet
> kaum zu Imitation von barem Leben, oder wenn's der Schauspieler
> trotzdem nicht lassen kann, widerlegt ihn der Chor oder der Song
> oder eine andere Art von Intermezzo, das abstrahiert."

Das also wäre die dramaturgische Funktion des Chors der Feuerwehrleute im Stück „Biedermann und die Brandstifter": er soll dem Zuschauer die Illusion ausreden, die Bühnenrealität imitiere eine Außer-
bühnenrealität. Die sprachliche Spannung zwischen der Mundarteigen-
schaft des Gewöhnlich-Saloppen, wie sie Max Frisch im Dialog aktualisiert, und der komplementären Schriftspracheigenschaft des Dichterisch-
Gehobenen, wie sie formal den Chor der Feuerwehrleute bestimmt, hat
die Funktion der Verfremdung.

Schluß

Verfremdung, von Brecht als Theaterverfahren postuliert und entwickelt, ist zum Schlagwort geworden. Und doch trifft dieser Begriff ins Zentrum von Max Frischs Sprachschaffen. Dies nicht nur, weil Frisch von Brecht viel gelernt hat, sondern vor allem, weil er nicht in der Sprache schreibt, die er als Kind zuerst gelernt hat und „selbstverständlich" spricht, in der Mundart, sondern in einer Sprache, die nicht selbstverständlich von Anfang an da ist, im Hochdeutschen, das für ihn — er ist mit dieser Bestimmung einverstanden — eine verfremdende Sprache ist. Eine Stelle im „Tagebuch 1946—1949" belegt den Zusammenhang authentisch. Ausgehend von dem, was Brecht in seinem „Kleinen Organon für das Theater" über den ‚Verfremdungseffekt‘ schreibt, fährt Max Frisch fort (Tagebuch 294):

> „Es wäre verlockend, all diese Gedanken auch auf den erzählenden Schriftsteller anzuwenden; Verfremdungseffekt mit sprachlichen Mitteln, das Spielbewußtsein in der Erzählung, das Offen-Artistische, das von den meisten Deutschlesenden als ‚befremdend‘ empfunden und rundweg abgelehnt wird, weil es ‚zu artistisch‘ ist, weil es die Einfühlung verhindert, das Hingerissensein nicht herstellt, die Illusion zerstört, nämlich die Illusion, daß die erzählte Geschichte ‚wirklich‘ passiert sei usw."

Es ist also nicht so, daß Max Frisch erst von Brecht auf das Verfahren der Verfremdung gestoßen wird — das Programm Brechts formuliert nur etwas nach, was Frisch schon vorher elementar erfahren hat, elementar nämlich von der deutschschweizerischen Sprachsituation her. Von dieser elementaren Erfahrung her überträgt er den Begriff Verfremdung, der bei Brecht aufs Theater beschränkt ist, aufs Erzählen, auf das schriftstellerische Schaffen überhaupt. Bereits sein Erstling ist alles andere als spontan und naiv geschrieben. Bei „Jürg Reinhart" an jugendliche Unbefangenheit zu denken, verbietet allein schon die Tatsache, daß Max Frisch damals einige Semester Germanistik studiert hatte und von daher fast unvermeidlich seine eigenen Texte auch aus der Sicht des wissenden Literaturexperten betrachten mußte. Bereits im „Jürg Reinhart" erzählt Frisch artistisch, das heißt aus der verfremdenden Distanz desjenigen, der schreibt und sich zugleich beim Schreiben beobachtet. Nur glaubte er 1934 noch — und das war vielleicht naiv —, er müsse den Anschein geben, daß er tatsächliche Realität erzähle. Die fiktive Realität der Literatur ist jedoch nicht identisch mit der tatsächlichen Realität. Etwas hilflos und eben naiv versucht Max Frisch im „Jürg Reinhart" eine (Pseudo-)Authentizität herzustellen, indem er mit dem Pronomen

dies immer wieder zeigen will, er erzähle jetzt genau von dieser einen
bestimmten Sache, keiner anderen, zum Beispiel von dieser Bucht, die es
in tatsächlicher Realität einmalig gebe. Dabei ist ganz klar, daß „dieser"
Jürg Reinhart gar nie tatsächlich gelebt hat, er ist erfunden, Erfahrungsgrund ist eine Balkanreise, die Frisch gemacht hat. Zwar sind in den
Roman private Erlebnisse einmontiert, z. B. sagt die Romanfigur Inge
zu ihrer Mutter *Schnugg* (Reinhart 41 usw., J'adore 16 steht dafür *Mama*)
— so habe damals die junge Deutsche, der er in Griechenland begegnet
war, ihre Mutter tatsächlich genannt, bestätigt Frisch. Dann aber hat er
auch verändert, z. B. war Frisch damals 23jährig, die Romanfigur Reinhart dagegen ist 25jährig.

Heute weiß Max Frisch: Literatur gibt nicht ein Punkt für Punkt
kopierendes Abbild von einer tatsächlichen Realität, sie kann es nicht
und will es nicht. Im „Gantenbein" hat er dafür die radikale Lösung
gefunden, indem er die Fiktion offen zugibt im stereotypen Leitsatz
„Ich stelle mir vor".

Und doch kann man sich jetzt fragen: wenn Literatur kein Abbild
tatsächlicher Realität gibt, wird sie dann nicht zur Fälscherin? „Jürg
Reinhart" hat als privaten Erfahrungsgrund eine Balkanreise: warum
nicht ein autobiographischer Erlebnisbericht statt eines Romans? Im
„Gantenbein" wird erzählt, wie das Roman-Ich einen Autounfall hat
(Gantenbein 30—36): warum wird dies in Romanform erzählt, wieso
nicht autobiographisch, ich, Max Frisch, habe an dem und dem Tag und
an dem und dem Ort einen Autounfall gehabt? Ist es Scheu vor Ex-
hibitionismus? Max Frisch schreibt 1967 in der Monatsschrift „du":[8]

> „Literatur — sie ist doch eine Fälscherin. Sie läßt nur gelten, was
> nachvollziehbar ist für einen Dritten. Leben ist aber auf weite
> Strecken und in entscheidenden Bedingungen privat, nicht exempla-
> risch. Genau das, was wir das Private nennen, was für einen Dritten
> nicht nachvollziehbar ist und daher peinlich, hat die Literatur zu
> unterschlagen; daher erscheint uns das Leben, das eigene, oft einiger-
> maßen kitschig: verglichen mit der Literatur, die daraus destilliert
> wird."

Literatur entsteht aus einem Destillationsprozeß. Selbstverständlich
gründet jeder Text von Max Frisch irgendwie in privaten Erfahrungen.
Aber private Erfahrung allein ist noch keine Literatur. Um sie mitzu-
teilen, würden möglicherweise Alkohol und ein Tonbandgerät genügen.

---

[8] „du" Jg. 27, August 1967, S. 652.

Was so entstehen könnte, wäre eine Lebensbeichte. Das wäre interessant als Dokument, aber eben nur als Dokument, nicht als Literatur, weil es in seiner nur privaten Verbindlichkeit in großen Teilen für ein Publikum unverbindlich (nicht nachvollziehbar) wäre. Das Publikum würde zum Voyeur. Verbindlichkeit entsteht erst im Destillationsprozeß.

Und vielleicht läßt sich am besten im Sprachlichen demonstrieren, wie sich dieser Destillationsprozeß vollzieht. Mundart ist eine bloß grammatische Sprache: bloßes Rohmaterial wie private Erfahrung an sich. Genau gleich, wie jeder Text von Max Frisch irgendwie in privaten Erfahrungen gründet, mit diesen Erfahrungen aber nicht identisch ist, erweist sich seine Sprache in vielen Zügen als mundartlich, ohne daß sie mit der Mundart identisch ist. (Wobei sich eben diese Nicht-Identität bei Frisch manifestiert in Ironie, Skepsis, Verfremdung.) Die Mundart bezeichnet Max Frisch als seine Grundsprache. Seine Kunst hat ihren „Grund" in der privaten Erfahrung und in der Mundart. Private Erfahrung und Mundart lassen sich nicht unverändert in Literatur umsetzen. Frisch sagt einmal: „man muß verändern, um darstellen zu können" (Öffentlichkeit 77). Der Umsetzprozeß vollzieht sich nicht mechanisch, so wenig, wie Frisch private Erfahrung Punkt für Punkt in Literatur verschlüsselt (dies wäre eine letztlich müssige Codierung), so wenig legt er sich die Sätze, wenn er Mundartliches forcieren will, vorher in der Mundart zurecht, um sie dann Wort für Wort ins Hochdeutsche umzusetzen. Der Umsetzvorgang von der tatsächlichen Mundart ins mundartliche Hochdeutsch zum Beispiel von „Andorra" vollzieht sich im gefühlsmäßigen Vorgang der Erinnerung; Frischs Bewußtheit bleibt ganz auf der Ebene des Hochdeutschen, wenn er die Mundarteigenschaften des Gesprochenen, Konkreten, Gewöhnlichen aktualisiert — genau gleich bleibt Frischs Bewußtheit ganz auf der Literaturebene, wenn er einen Roman schreibt: er destilliert Literatur aus privaten Erfahrungsmustern, ohne daß er die Muster immer bewußt vor sich hätte. Der Destillationsprozeß vollzieht sich also zum einen Teil unbewußt, zum anderen bewußt: nicht steuerbar für Max Frisch ist, in welchen Bildern sich private Erfahrung niederschlägt, da ist er auf Einfälle angewiesen, und er selbst mag sich da irgendwie gesteuert vorkommen, wenn ihm gesagt wird, sein Thema sei immer wieder das gleiche (sein literarisches Wahrzeichen sei das Identitätsproblem, bemerkt er einmal ironisch)[9] — die bewußte Steuerung und Kalkulation setzt ein, wenn es gilt, unter den Einfällen zu wählen und auszuprobieren, auf welche Weise der gewählte Einfall zwingend wird in seiner Reali-

---

[9] In einem Interview mit Dieter E. Zimmer: „Die Zeit" Jg. 1967, Nr. 51.

sation. Wohl kein Schriftsteller kann einfach so schreiben, wie er spricht. Max Frisch ist sich dessen elementar bewußt von der deuschschweizerischen Sprachsituation her.

Die Grundsprache Mundart verhält sich zur Kunst-Materie Hochdeutsch wie das bare Leben zur daraus destillierten Literatur.

Literaturliste

Texte von Max Frisch

Die Zusammenstellung ist nicht vollständig. Kleinere Texte (Zeitungsartikel usw.) werden in den Anmerkungen bibliographiert. Zitiert wird nach den Erstausgaben — außer bei den Theaterstücken: sie werden, soweit sie in ihrer endgültigen Fassung in diese Ausgabe aufgenommen sind, nach der Sammelausgabe Stücke Band 1 und 2, Suhrkamp Verlag, Frankfurt a. M. 1962, zitiert.

Jürg Reinhart   zit. Reinhart
Eine sommerliche Schicksalsfahrt / Roman
Deutsche Verlags-Anstalt, Stuttgart Berlin 1934

Antwort aus der Stille
Eine Erzählung aus den Bergen
Deutsche Verlags-Anstalt, Stuttgart Berlin 1937

Blätter aus dem Brotsack   zit. Brotsack
Geschrieben im Grenzdienst 1939
Atlantis-Verlag, Zürich 1940

J'adore ce qui me brûle oder Die Schwierigen   zit. J'adore
Roman
Atlantis-Verlag, Zürich 1943

Bin oder Die Reise nach Peking
Atlantis-Verlag, Zürich 1945   zit. Bin (Atlantis)
Suhrkamp Verlag, Berlin und Frankfurt a. M. o. J. (1952)
                                                     zit. Bin Suhrkamp

Nun singen sie wieder
Versuch eines Requiems
Verlag Benno Schwabe & Co., Klosterberg, Basel 1946
= Stücke 1, S. 85—148

Der Graf von Öderland   zit. Öderland 1946
Sieben Szenen
in: Tagebuch 1946—1949, S. 73—113

Santa Cruz
Eine Romanze
Verlag Benno Schwabe & Co., Klosterberg, Basel 1947
= Stücke 1, S. 7—84

Die Chinesische Mauer　　　　　　　　　　　zit. Chin. Mauer 1947
Verlag Benno Schwabe & Co., Klosterberg, Basel 1947

Tagebuch 1946—1949　　　　　　　　　　　　　zit. Tagebuch
Suhrkamp Verlag, Frankfurt a. M. 1950

Graf Öderland　　　　　　　　　　　　　　zit. Öderland 1951
Ein Spiel in zehn Bildern
Suhrkamp Verlag, Frankfurt a. M. 1951

Don Juan oder Die Liebe zur Geometrie　　　　zit. Don Juan 1953
Eine Komödie in fünf Akten
Suhrkamp Verlag, Frankfurt a. M. 1953

Herr Biedermann und die Brandstifter　　　zit. Biedermann 1953
Hörwerke der Zeit 2, Verlag Hans Bredow-Institut,
Hamburg o. J. (1956)

Stiller
Roman
Suhrkamp Verlag, Frankfurt a. M. 1954

Die Chinesische Mauer　　　　　　　　　　zit. Chin. Mauer 1955
Eine Farce
Neue Fassung
Suhrkamp Verlag, Frankfurt a. M. 1955
= Stücke 1, S. 149—245

Homo faber　　　　　　　　　　　　　　　　zit. Faber
Ein Bericht
Suhrkamp Verlag, Frankfurt a. M. 1957

Biedermann und die Brandstifter　　　　zit. Biederamnn 1958
Ein Lehrstück ohne Lehre
Suhrkamp Verlag, Frankfurt a. M. 1958
= Stücke 2, S. 87—156

Die große Wut des Philipp Hotz　　　　　　　　zit. Hotz
Ein Sketch
in: „Hortulus" 32, St. Gallen 1958
= Stücke 2, S. 157—197

Andorra
Stück in zwölf Bildern
Suhrkamp Verlag, Frankfurt a. M. 1961
= Stücke 2, S. 199—309

Graf Öderland   zit. Öderland 1961
Eine Moritat in zwölf Bildern
Endgültige Fassung
Suhrkamp Verlag, Frankfurt a. M. 1961
= Stücke 1, S. 301—390

Tonband
Prosaskizze
auf der Sprechplatte „Max Frisch liest Prosa"
Suhrkamp Sprechplatte 33¹/₃ U/min, Frankfurt a. M. 1961

Don Juan oder Die Liebe zur Geometrie   zit. Don Juan 1962
Komödie in fünf Akten
Revidierte Fassung
Suhrkamp Verlag, Frankfurt a. M. 1962
= Stücke 2, S. 7—85

Mein Name sei Gantenbein   zit. Gantenbein
Roman
Suhrkamp Verlag, Frankfurt a. M. 1964

Zürich — Transit
Skizze eines Films
Suhrkamp Verlag, Frankfurt a. M. 1966

Öffentlichkeit als Partner   zit. Öffentlichkeit
(= gesammelte Reden, Essays usw.)
Suhrkamp Verlag, Frankfurt a. M. 1967

Biografie
Ein Spiel
Suhrkamp Verlag, Frankfurt a. M. 1967

Fachliteratur

Nur gelegentlich beigezogene Fachliteratur ist in den Anmerkungen bibliographiert. Literatur über Max Frisch ist zusammengestellt etwa in der Bibliographie von Klaus-Dietrich Petersen (in: Eduard Stäuble, Max Frisch, Gesamtdarstellung seines Werks, St. Gallen 1967, S. 255—270). Zum Thema Schweizerhochdeutsch sind zu konsultieren Stefan Sonder-

egger, Die schweizerdeutsche Mundartforschung 1800 bis 1959, Biblio-
graphisches Handbuch mit Inhaltsangaben, Frauenfeld 1962 (namentlich
die Nummern 2063–2125) und das Literaturverzeichnis bei Kaiser.

Stephan Kaiser: Die Besonderheiten der deutschen Schriftsprache in der
  Schweiz (zit. Kaiser)
Duden-Beitrag (Sonderreihe: Die Besonderheiten der deutschen Schrift-
  sprache im Ausland), Mannheim (im Druck)

Albert Weber: Zürichdeutsche Grammatik und Wegweiser zur guten
  Mundart (zit. Zürichdeutsche Grammatik)
  Zürich 1964²

Albert Weber und Jacques M. Bächtold: Zürichdeutsches Wörterbuch für
  Schule und Haus (zit. Zürichdeutsches Wörterbuch)
  Zürich 1961

Der Große Duden Bd. 1: Rechtschreibung der deutschen Sprache und der
  Fremdwörter (zit. Duden Rechtschreibung)
  16., erweiterte Auflage
  Neu bearbeitet unter Leitung von Paul Grebe
  Mannheim 1967

Der Große Duden, Bd. 4: Grammatik der deutschen Gegenwartssprache
  (zit. Duden Grammatik)
  2., vermehrte und verbesserte Auflage
  Bearbeitet unter Leitung von Paul Grebe
  Mannheim 1966 (wo die frühere Auflage von 1959 beigezogen wird, ist
  es vermerkt)

Der Große Duden, Bd. 8: Sinnverwandte Wörter / Ein vergleichendes
  Synonym-Wörterbuch (zit. Duden Synonymik)
  Bearbeitet von Paul Grebe, Wolfgang Müller u. a.
  Mannheim 1964

Der Große Duden, Bd. 9: Hauptschwierigkeiten der deutschen Sprache /
  Wörterbuch der Zweifelsfälle (zit. Duden Hauptschwierigkeiten)
  Bearbeitet von Günther Drosdowski, Paul Grebe, Wolfgang Müller u. a.
  Mannheim 1965

Register

QUELLEN UND FORSCHUNGEN ZUR SPRACH- UND KULTUR-
GESCHICHTE DER GERMANISCHEN VÖLKER
Neue Folge
Groß-Oktav. Ganzleinen

Walter de Gruyter & Co · Berlin 30

QUELLEN UND FORSCHUNGEN ZUR SPRACH- UND KULTUR-
GESCHICHTE DER GERMANISCHEN VÖLKER
Neue Folge
Groß-Oktav. Ganzleinen

Johann Wilhelm von Stubenberg (1619—1663)
und sein Freundeskreis
Studien zur österreichischen Barockliteratur protestantischer Edelleute
Von MARTIN BIRCHER
XIV, 340 Seiten. Mit 4 Tafeln. 1968. DM 64,—. Band 25

Hölderlins Elegie „Brod und Wein"
Die Entwicklung des hymnischen Stils in der elegischen Dichtung
Von JOCHEN SCHMIDT
VIII, 229 Seiten. 1968. DM 42,—. Band 26

Studien zum historischen Essay
und zur historischen Porträtkunst
an ausgewählten Beispielen
Von ANDREAS FISCHER
XII, 219 Seiten. 1968. DM 36,—. Band 27

Literatentum, Magie und Mystik
im Frühwerk Hugo von Hofmannsthals
Von MANFRED HOPPE
VIII, 140 Seiten. 1968. DM 32,—. Band 28

Der junge Hebbel
Zur Entstehung und zum Wesen der Tragödie Hebbels
Von WOLFGANG WITTKOWSKI
XII, 309 Seiten. 1969. DM 48,—. Band 29

Joseph Berglinger
Eine Studie zu Wackenroders Musikerdichtung
Von ELMAR HERTRICH
XII, 238 Seiten. 1969. DM 42,—. Band 30

Walter de Gruyter & Co · Berlin 30